경상남도 교육청 교육공무직원
제1회 모의고사

성명		생년월일	
문제 수(배점)	45문항	풀이시간	/ 50분
영역	직무능력검사		
비고	객관식 4지선다형		

✳ 유의사항 ✳

- 문제지 및 답안지의 해당란에 문제유형, 성명, 응시번호를 정확히 기재하세요.
- 모든 기재 및 표기사항은 "컴퓨터용 흑색 수성 사인펜"만 사용합니다.
- 예비 마킹은 중복 답안으로 판독될 수 있습니다.

제1회 경상남도교육청 교육공무직원 모의고사

1. 밑줄 친 부분이 어법에 맞게 표기된 것은?

① 박 사장은 자기 돈이 어떻게 <u>쓰여지는</u> 지도 몰랐다.
② 그녀는 조금만 <u>추어올리면</u> 기고만장해진다.
③ <u>나룻터</u>는 이미 사람들로 가득 차 있었다.
④ 우리들은 <u>서슴치</u> 않고 차에 올랐다.

2. 다음 문장의 빈칸에 들어갈 수 없는 단어는?

- 학생들은 과학자보다 연예인이 되기를 더 (　)한다.
- 오늘날 흡연은 사회적 (　)이/가 되었다.
- 최근 북한의 인권 문제에 대하여 미국 의회가 문제를 (　)하였다.
- 직장 내에서 갈등의 양상은 다양하게 (　)된다.

① 선호　　　② 제기
③ 전제　　　④ 표출

3. 다음 밑줄 친 내용의 예시로 적절하지 않은 것은?

> 두 개의 용언이 어울려 한개의 용언이 될 적에, <u>앞말의 본 뜻이 유지되고 있는 것</u>은 그 원형을 밝히어 적고, 그 본뜻에서 멀어진 것은 밝히어 적지 아니한다.

① 드러나다
② 늘어나다
③ 벌어지다
④ 접어들다

4. 다음 밑줄 친 ㉠과 문맥상 의미가 유사한 것은?

> 데카르트는 살아있는 동물을 마취도 하지 않은 채 해부 실험을 했던 것으로 악명이 ㉠<u>높다</u>.

① 굽이 <u>높은</u> 구두 때문에 걸음걸이가 어색해 보인다.
② 명성이 <u>높은</u> 교수를 초청하기엔 예산이 부족하다.
③ 예년보다 <u>높은</u> 기온으로 무더위가 장기화 될 것으로 보인다.
④ <u>높은</u> 비난의 소리에도 판사의 판결은 변하지 않았다.

5. 다음 중 관용 표현이 사용되지 않은 것은?

① 甲은 乙의 일이라면 가장 먼저 발벗고 나섰다.
② 아이는 손을 크게 벌려 꽃 모양을 만들어 보였다.
③ 지후는 발이 길어 부르지 않아도 먹을 때가 되면 나타났다.
④ 두 사람은 매일같이 서로 바가지를 긁어대도 누가 봐도 사이좋은 부부였다.

6. 다음 글에 나타난 북곽 선생의 행위를 표현한 말로 적절한 것은?

> 북곽 선생이 머리를 조아리고 엉금엉금 기어 나와서 세 번 절하고 꿇어앉아 우러러 말했다.
> "범님의 덕은 지극하시지요. 대인은 그 변화를 본받고 제왕은 그 걸음을 배우며, 자식 된 자는 그 효성을 본받고 장수는 그 위엄을 취합니다. 범님의 이름은 신룡(神龍)의 짝이 되는지라, 한 분은 바람을 일으키시고 한 분은 구름을 일으키시니, 저 같은 하토(下土)의 천한 신하는 감히 아랫자리에 서옵니다."

① 자화자찬(自畫自讚)
② 감언이설(甘言利說)
③ 대경실색(大驚失色)
④ 박장대소(拍掌大笑)

7. 다음 〈보기〉에 제시된 음운현상과 다른 음운현상을 보이는 것은?

XABY → XCY

① 밥하다
② 띄다
③ 맏형
④ 따라

8. 다음 제시된 단어의 관계와 가장 유사한 것은?

기술 – 묘사

① 차례 – 순서
② 예술 – 연극
③ 된장 – 간장
④ 상승 – 하강

9. 다음 제시된 단어와 의미가 유사한 단어는?

태식

① 태산
② 한숨
③ 보도
④ 연민

10. 다음 글의 주제로 가장 적절한 것은?

> 학교라는 의미의 그리스어 'schole'는 고대 그리스어의 '여가'라는 뜻에서 비롯되었다. 이는 지식을 배우는 일이 단순한 직업 교육이 아니라 여유로운 정신 활동이라는 인식에서 출발했음을 보여 준다. 그들에게 배움은 사회적 지위나 실용적인 목적보다 인간의 정신적 완성과 고차원적인 사유의 실현에 더 가까운 것이었다. 이렇듯 어떤 단어의 기원을 곱씹어 보는 일은 그 사회가 무엇을 중요하게 여겼는지, 세계를 어떤 방식으로 인식했는지가 고스란히 담겨 있다. 단어란 단순한 의사소통 도구가 아닌 시대의 철학과 삶의 태도를 비추는 거울과 같다.

① 교육에 대한 옛 그리스인의 인식
② 단어로 알 수 있는 사회의 가치와 태도
③ 단어의 의미 변화가 인식과 태도에 미치는 영향
④ 고대 언어가 현대 교육제도에 끼친 영향

11. 다음 글을 논리적 순서에 맞게 나열한 것은?

> ㉠ 또한 한옥을 짓는 데 사용되는 천연 건축 자재는 공해를 일으키지 않는다.
> ㉡ 현대 건축에서 자주 문제가 되는 환경 파괴가 한옥에는 거의 없다.
> ㉢ 아토피성 피부염 등의 현대 질병에 한옥이 좋은 이유가 여기에 있다.
> ㉣ 한옥은 짓는 터전을 훼손하지 않으며, 터가 생긴 대로 약간만 손질하면 집을 지을 수 있기 때문이다.

① ㉡ - ㉠ - ㉣ - ㉢
② ㉡ - ㉣ - ㉠ - ㉢
③ ㉢ - ㉠ - ㉣ - ㉡
④ ㉣ - ㉡ - ㉠ - ㉢

12. 제시된 글에서 사용하고 있는 서술 방법은?

> 거리의 간판, 자동차의 헤드라이트 등이 한데 섞여 도시의 밤은 언제나 화려한 조명으로 가득 차 있다. 그러나 이 화려함이 긍정적이기만 한 것은 아니다. 과도한 인공조명은 하늘의 별을 가려 도시의 자연적인 미관을 해칠 뿐 아니라, 생태계의 균형에도 부정적인 영향을 미치기 때문이다. 밤에 밝은 빛이 계속되면 사람의 수면 리듬이 깨져 불면이나 피로 같은 건강 문제를 초래할 수도 있다. 빛 공해는 단순히 시각적인 불편함을 넘어 환경과 인간의 삶 전반에 영향을 미치는 복합적인 문제다.

① 하나의 대상을 여러 갈래로 나누어 분석하고 있다.
② 미괄식 형태로 글의 몰입을 높이고 있다.
③ 조사 결과를 근거로 제시하여 주장의 신뢰도를 높이고 있다.
④ 전문가의 견해를 인용하여 설득력을 부여하고 있다.

13. 다음 주어진 문장이 들어갈 위치로 적절한 곳은?

> 인간은 생각으로 존재를 증명하려 하지만, 진짜 삶은 몸으로 느끼고 견디며 지나간다.

> 몸은 살아 있음의 증거이자, 세계와의 유일한 접점이다. (가) 살아가며 축적된 감각은 하루의 피로와 기쁨, 슬픔 등을 인식한다. (나) 머리로는 잊어도 몸은 결코 그렇지 않다. (다) 그래서 오래된 상처의 통증이 불쑥 찾아오듯, 몸은 시간의 흔적을 고스란히 품고 현재를 증명한다. (라) 게다가 마음속 이성은 늘 명확함을 추구하지만, 몸은 모호함 속에서 세계를 체험한다. 뛰는 심장의 박동과 들숨과 날숨의 리듬 속에서 우리는 논리보다 먼저 살아간다. 결국 삶은 이해의 대상이 아니라 감각의 연속이며, 몸은 그 모든 경험이 새겨지는 유일한 장부이다.

① (가)
② (나)
③ (다)
④ (라)

14. 다음 글의 내용으로 옳지 않은 것은?

> 도마뱀붙이는 천장이나 유리창을 자유롭게 오르내릴 수 있는 파충류이다. 이는 발바닥에 있는 수백만 개의 미세한 털 덕분에 가능한데, 이 털은 나노미터 단위로 갈라져 있으며, 미세한 구조가 표면과 접촉할 때 반데르발스 힘이라는 분자 간 물리적 인력이 작용한다. 개별적으로는 매우 약한 힘이지만, 수백만 개가 동시에 작용하면 도마뱀붙이의 체중을 충분히 지탱할 수 있다.
> 스탠퍼드 대학교의 연구팀은 이러한 원리를 모방하여 '스티키봇(stickybot)'이라는 로봇을 개발했다. 스티키봇의 발에는 폴리머 소재로 만든 인공 강모가 부착되어 있으며, 이를 통해 접착제나 흡착 장치 없이도 수직 표면을 오를 수 있다. 기존의 벽면 등반 로봇들이 진공 흡착이나 자석을 사용했던 것과 달리, 스티키봇은 순수하게 물리적 접착력만으로 이동한다는 점에서 혁신적이다.
> 스티키봇의 응용 가능성은 매우 광범위하다. 재난 현장에서 무너진 건물의 벽을 타고 올라가 생존자를 수색하거나, 우주 정거장의 외벽을 점검하는 등의 임무를 수행할 수 있다. 자연이 수억 년에 걸쳐 완성한 설계를 인간의 기술로 재현한 스티키봇은 생체모방공학의 성공적인 사례이자, 자연에서 배우는 혁신의 가능성을 보여주는 대표적인 예라 할 수 있다.

① 스티키봇은 진공 흡착 방식을 사용하는 기존 벽면 등반 로봇과는 다른 원리로 작동한다.
② 스티키봇 기술은 재난 구조와 우주 정거장 점검 등의 분야에서 활용될 수 있다.
③ 도마뱀붙이의 접착 능력은 반데르발스 힘이라는 화학적 결합으로 발현된다.
④ 자연을 모방하는 것은 인간의 기술 한계를 넘어서는 새로운 해결책이 될 수 있다.

15. 다음 빈칸에 들어갈 말로 적절한 것은?

감기와 독감은 모두 호흡기 질환이지만 원인과 증상에서 차이가 있다. 감기는 다양한 바이러스에 의해 생기며, 콧물이나 목 통증처럼 가벼운 증상이 나타난다. 반면 독감은 인플루엔자 바이러스가 원인으로, 갑작스러운 고열과 근육통 등 전신 증상을 동반한다.

두 질환의 진행 양상도 다르다. 감기는 증상이 서서히 나타나며 대개 1주일 이내에 자연스럽게 회복된다. 그러나 독감은 갑작스럽게 시작되어 증상이 급격히 악화되며, 회복에 2주 이상 소요되는 경우가 많다. 감기는 대부분 가벼운 증상으로 끝나지만, ( ) 따라서 단순히 독한 감기로 여기고 방치한 독감은 심각한 결과를 초래할 수 있다.

① 독감은 항바이러스제 투여로 초기에 치료하면 증상을 완화할 수 있다.
② 독감은 감기보다 증상이 오래가지만 강도가 높지 않다.
③ 독감은 백신 접종을 통해 효과적으로 예방할 수 있다.
④ 독감은 매년 전 세계적으로 수십만 명의 사망자를 발생시킨다.

16. 다음 글에서 추론할 수 있는 사실은?

사막에 사는 낙타는 혹을 가지고 있다. 많은 사람이 이 혹에 물이 저장되어 있다고 생각하지만 실제로는 그렇지 않다. 혹의 주성분은 지방이며, 이 지방은 낙타가 오랜 시간 먹이나 물을 얻지 못할 때 에너지원으로 사용된다. 지방이 분해되면서 물이 부산물로 생성되기 때문에 낙타는 일정 부분 체내 수분을 스스로 만들어내는 능력을 지녔다고 할 수 있는 것이다.

또한 낙타의 적혈구는 타원형으로, 물이 부족한 환경에서도 원활히 순환된다. 일반적인 포유류의 적혈구는 둥근 모양이라 수분이 부족할 때 유연성이 감소해 순환이 어려워지지만, 낙타의 적혈구는 극한의 탈수 상태에서도 유연하게 변형되어 혈류를 유지할 수 있다. 이 덕분에 낙타는 다른 동물이라면 생존할 수 없는 조건에서도 비교적 안정적인 생리 기능을 유지한다.

① 일반 포유류의 적혈구는 탈수 상태에서 타원형으로 변형되어 혈류를 유지할 수 있다.
② 낙타의 혹은 사막 환경에서 생존하는 데 필요한 물과 지방을 저장한다.
③ 혹에 저장된 지방은 사막의 낮 동안 체온을 급격히 높이는 원인이 된다.
④ 낙타의 생리적 특징들은 공통적으로 수분 손실을 줄이기 위한 방향으로 진화하였다.

17. 다음 밑줄 친 문장 중 글의 흐름과 어울리지 않는 것은?

신재생 에너지란 태양, 바람, 해수와 같이 자연을 이용한 신에너지와 폐열, 열병합, 폐열 재활용과 같은 재생에너지가 합쳐진 말이다. 현재 신재생 에너지는 미래 인류의 에너지로서 다양한 연구가 이루어지고 있다. ① 특히 과거에는 이들의 발전 효율을 높이는 연구가 주로 이루어졌으나 현재는 이들을 관리하고 사용자가 쉽게 사용하도록 하는 연구와 개발이 많이 진행되고 있다. ② 신재생 에너지는 화석 연료의 에너지 생산 비용에 근접하고 있으며 향후에 유가가 상승되고 신재생 에너지 시스템의 효율이 높아짐에 따라 신재생 에너지의 생산 비용이 오히려 더 저렴해질 것으로 보인다. ③ 따라서 미래의 신재생 에너지의 보급은 특정 계층과 일부 분야에서만 이루어질 것이며 현재의 전력 공급 체계를 변화시킬 것이다. ④ 현재 중앙 집중식으로 되어있는 전력공급의 체계가 미래에는 다양한 곳에서 발전이 이루어지는 분산형으로 변할 것으로 보인다. 분산형 전원 시스템 체계에서 가장 중요한 기술인 스마트 그리드는 전력과 IT가 융합한 형태로서 많은 연구가 이루어지고 있다.

18. 다음 문장들을 순서에 맞게 배열한 것은?

(가) 현재 전하고 있는 갑인자본을 보면 글자획에 필력의 약동이 잘 나타나고 글자 사이가 여유 있게 떨어지고 있으며 판면이 커서 늠름하다.

(나) 이 글자는 자체가 매우 해정(글씨체가 바르고 똑똑함)하고 부드러운 필서체로 진나라의 위부인자체와 비슷하다 하여 일명 '위부인자'라 일컫기도 한다.

(다) 경자자와 비교하면 대자와 소자의 크기가 고르고 활자의 네모가 평정하며 조판도 완전한 조립식으로 고안하여 납을 사용하는 대신 죽목으로 빈틈을 메우는 단계로 개량 · 발전되었다.

(라) 또 먹물이 시커멓고 윤이 나서 한결 선명하고 아름답다. 이와 같은 이유로 이 활자는 우리나라 활자본의 백미에 속한다.

(마) 갑인자는 1434년(세종 16)에 주자소에서 만든 동활자로 그보다 앞서 만들어진 경자자의 자체가 가늘고 빽빽하여 보기가 어려워지자 좀 더 큰 활자가 필요하다하여 1434년 갑인년에 왕명으로 주조된 활자이다.

(바) 이 활자를 만드는 데 관여한 인물들은 당시의 과학자나 또는 정밀한 천문기기를 만들었던 기술자들이었으므로 활자의 모양이 아주 해정하고 바르게 만들어졌다.

① (마)-(나)-(바)-(다)-(가)-(라)
② (나)-(마)-(라)-(가)-(다)-(바)
③ (마)-(가)-(바)-(다)-(나)-(라)
④ (바)-(다)-(나)-(가)-(라)-(마)

19. 다음 제시된 그림과 같이 블록을 쌓기 위해 필요한 블록 수는?

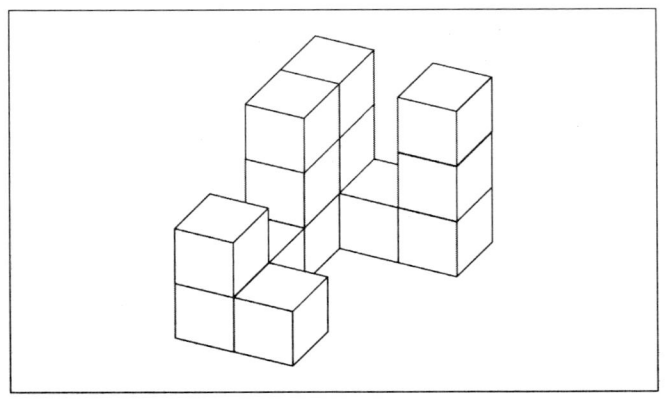

① 13   ② 14
③ 15   ④ 16

20. 다음 제시된 블록을 화살표 표시한 방향으로 바라보았을 때의 모양으로 알맞은 것은?

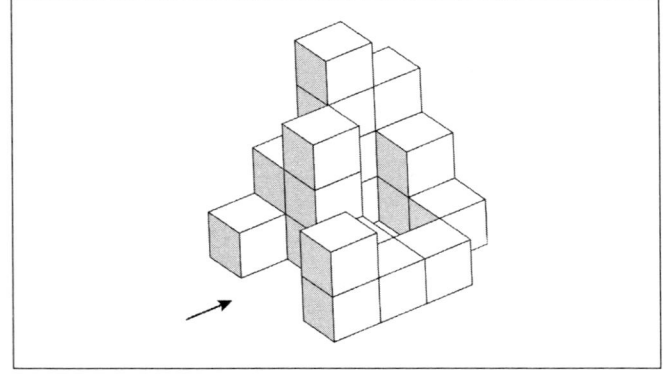

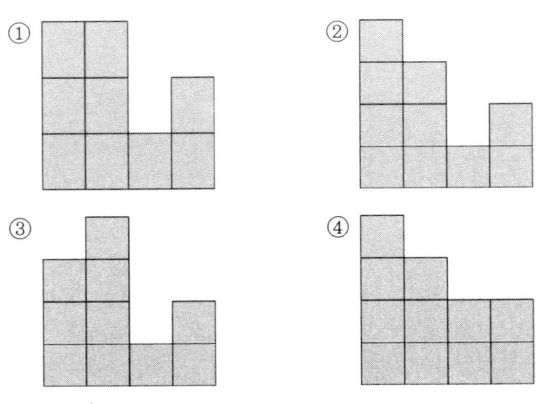

21. 다음 제시된 세 개의 단면을 참고하여 해당되는 입체도형을 고르면?

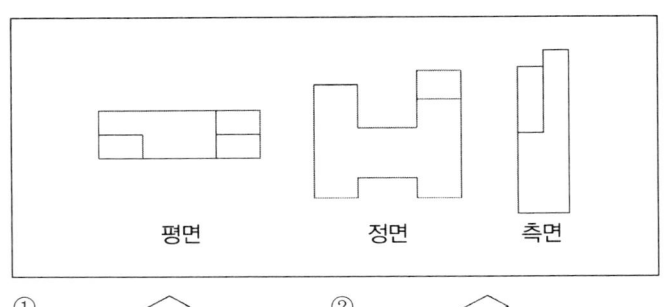

①   ②

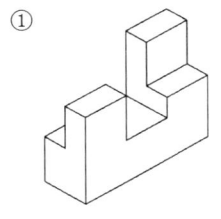   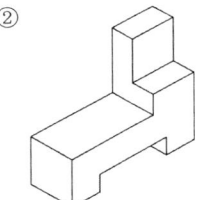

③   ④

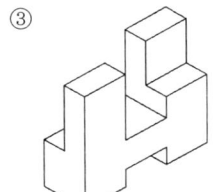   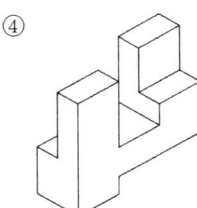

22. 다음 입체도형의 전개도로 옳은 것은?

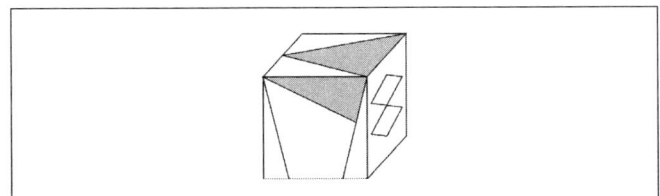

①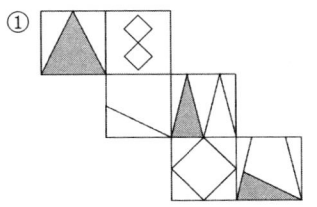

②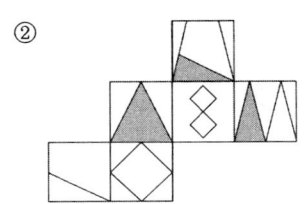

③

④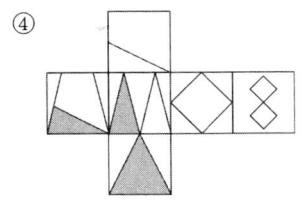

23. 다음 중 직육면체의 전개도가 다른 하나는?

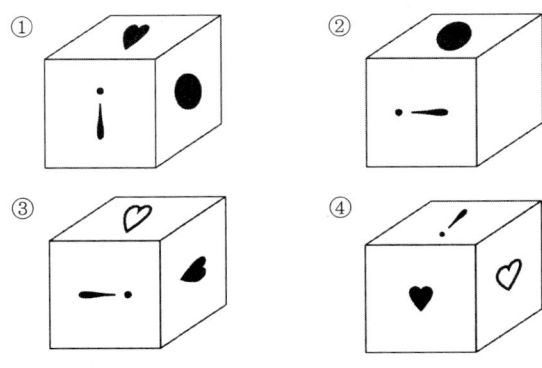

24. 다음과 같이 화살표 방향으로 종이를 접어 펀칭한 뒤 펼친 모양에 해당하는 것은?

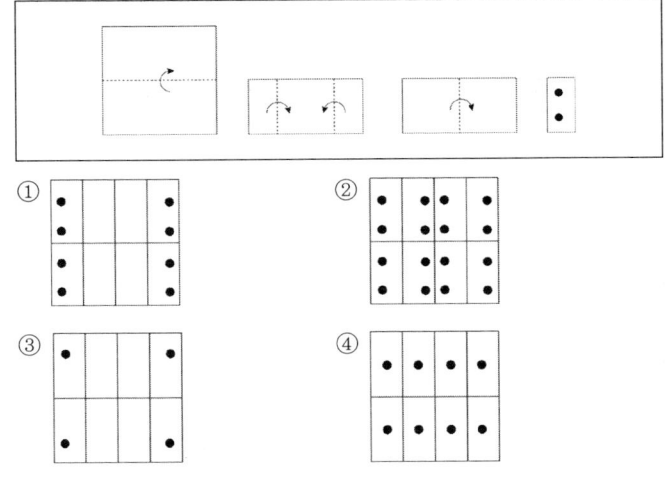

25. 종이를 다음과 같이 접었다가 폈을 때 접은 자국을 따라 나올 수 있는 삼각형의 수는 몇 개인가?

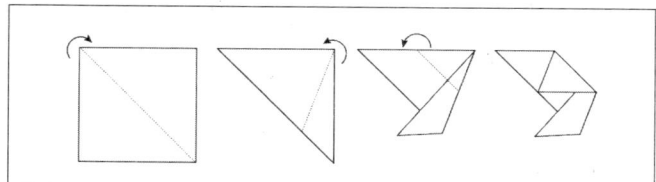

① 7개
② 8개
③ 9개
④ 10개

26. 다음 제시된 도형을 선을 따라 절단했을 때 나올 수 없는 모양은?

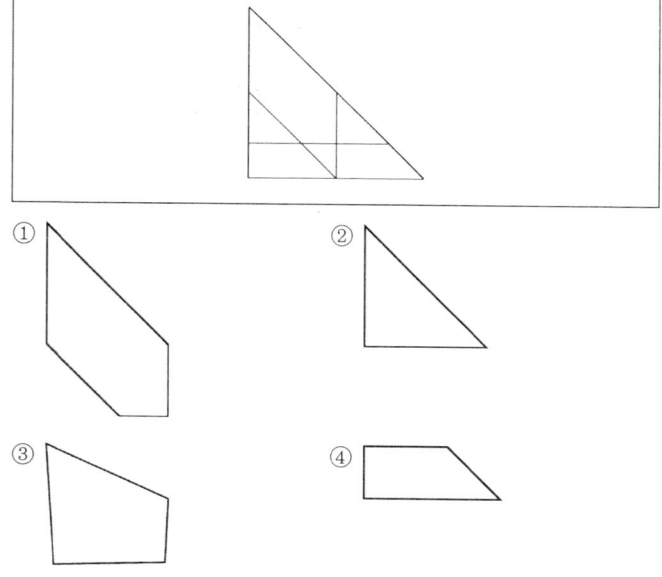

27. 다음 중 제시된 도형과 같은 도형은?

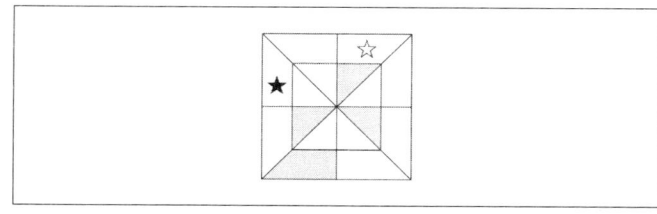

① 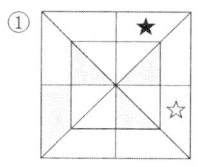   ②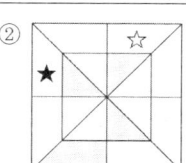

③ 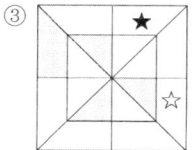   ④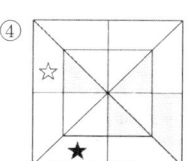

28. 다음에 주어진 조건이 모두 참일 때 옳은 결론을 고르면?

- A, B, C, D, E가 의자가 6개 있는 원탁에서 토론을 한다.
- 어느 방향이든 A와 E 사이에는 누군가가 앉는다.
- D 맞은 편에는 누구도 앉아 있지 않다.
- A와 B는 서로 마주보고 앉는다.
- C 주변에는 자리가 빈 곳이 하나 있다.

A : A와 E 사이에는 한 명이 있다.
B : A와 D는 서로 떨어져 있다.

① A만 옳다.
② B만 옳다.
③ A와 B 모두 옳다.
④ A와 B 모두 그르다.

29. 주어진 글을 읽고 바르게 서술된 것은?

> 각각의 정수 A, B, C, D를 모두 곱하면 0보다 크다.

① A, B, C, D 모두 양의 정수이다.
② A, B, C, D의 합은 양수이다.
③ A, B, C, D 중 2개를 골라 곱했을 경우 0보다 크다면 나머지의 곱은 0보다 크다.
④ A, B, C, D 중 3개를 골라 더했을 경우 0보다 작으면 나머지 1개는 0보다 작다.

30. 다음의 말이 참일 때 항상 참인 것을 고르시오.

> • 민규는 지선이보다 포인트가 높다.
> • 지선이는 상훈이와 포인트가 같다.
> • 상훈이는 미정이보다 포인트가 적다.

① 미정이는 지선이보다 포인트가 높다.
② 민규는 미정이보다 포인트가 높다.
③ 포인트가 가장 높은 사람은 민규이다.
④ 포인트가 가장 높은 사람은 미정이다.

31. A, B, C, D 총 4명이 프리젠테이션을 하고 있다. 다음 조건이라면 가장 먼저 발표를 하는 사람은 누구인가?

> • A는 B보다 먼저 한다.
> • C는 D보다 먼저 한다.
> • D는 A보다 먼저 한다.

① A   ② B
③ C   ④ D

32. A~G 7명이 저녁 회식을 마치고, 모두 지하철 1호선 또는 2호선을 타고 귀가하였다. 이들이 다음과 같은 조건을 따랐다고 할 때, A가 1호선을 이용하지 않았다면 가능하지 않은 것은?

> • 1호선을 이용한 사람은 많아야 3명이다.
> • A는 D와 같은 호선을 이용하지 않았다.
> • F는 G와 같은 호선을 이용하지 않았다.
> • B와 D는 같은 호선을 이용하였다.

① B는 지하철 1호선을 탔다.
② C는 지하철 2호선을 탔다.
③ E는 지하철 1호선을 탔다.
④ F는 지하철 1호선을 탔다.

33. 모두 진실만을 진술한다고 할 때, 다음 중 옳지 않은 것은?

- 갑 : 저는 을과 정보다 늦게 도착했습니다.
- 을 : 저는 가장 먼저 도착했습니다.
- 병 : 제 뒤로 한 명이 늦게 도착했습니다.
- 정 : 저는 병보다 먼저 도착했습니다.
- 무 : 제가 가장 늦게 도착했습니다.

① 갑은 2등으로 도착했다.
② 을은 1등으로 도착했다.
③ 병은 4등으로 도착했다.
④ 정은 2등으로 도착했다.

34. A, B, C, D, E, F, G, H 8명이 수영대회 결승전에 진출하였다. 다음 조건을 모두 고려하였을 때, 항상 참인 것을 고르면?

- 8명 중 순위가 동일한 선수는 없다.
- H는 C보다 먼저 골인하였으나, F보다는 늦게 골인하였다.
- B에 이어 바로 E가 골인하였으며, E와 F 사이에 세 사람이 골인하였다.
- C는 B보다 늦게 골인하였고, B는 F보다 빨리 골인하였으며, A의 순위는 3위가 아니었다.

① A의 순위는 4위이다.
② H보다 늦게 골인한 사람은 2명이다.
③ D의 순위는 최소 5위이다.
④ G는 3위가 될 수 없다.

35. 거짓만을 말하는 사람들이 사는 나라 A와 참만을 말하는 사람들이 사는 나라 B가 있다고 가정할 때, 다음 사람들 중에서 B국 사람은 누구인가? (단, B국 사람은 한 명이다)

- 갑 : 을이 하는 말은 모조리 사실이야. 믿을 수 있어.
- 을 : 나는 태어나서 거짓말을 해본 적이 한 번도 없어.
- 병 : 너 지금 거짓말 하고 있어, 을.
- 정 : 병, 너야말로 지금 거짓말 하고 있잖아.

① 갑 ② 을
③ 병 ④ 정

36. 다음의 조건에 위배되지 않고 우유를 구매해야 할 때, 어떤 상품을 구매해야 하는가?

〈조건〉
㉠ 오이를 구매하면 라면도 구매해야 한다.
㉡ 우유를 구매하면 라면은 구매할 수 없다.
㉢ 두부 혹은 치즈는 꼭 구매해야 한다.
㉣ 오이, 치즈, 우유 중에 하나만 구매할 수 있다.

① 오이 ② 라면
③ 치즈 ④ 두부

|37~38| 다음 제시된 문자를 서로 비교하여 다른 것을 고르시오.

37.
① 92374877492 – 92374877492
② 24170565476 – 24170655476
③ 09683752231 – 09683752231
④ 97230368561 – 97230368561

38.

① ADOUVWXTNFIFGT – ADOUVWXTNFIFGT
② STUDENTMOMENT – STUDENTMOMENT
③ CNNMANHATANOV – CNNMANAHTANOV
④ GKQRURGKTPDYD – GKQRURGKTPDYD

|39~40| 다음 제시된 문자가 반복되는 개수를 고르시오.

기린	굴레	그늘	그네	사진	먹방	나루
사진	먹쇠	장가	굴레	돌쇠	사진	그루
연필	마술	먹방	사진	처남	사과	기린
굴레	지루	난방	처남	연장	그네	장가
그늘	사과	연장	먹쇠	사진	나루	장난
그루	처남	돌쇠	굴레	지루	장난	난방
마술	그네	장가	사진	그늘	연필	먹방

39.

| 돌쇠 |

① 1개   ② 2개
③ 3개   ④ 4개

40.

| 사진 |

① 4개   ② 5개
③ 6개   ④ 7개

41. 그래프는 어떤 물체의 시간에 따른 이동거리를 나타낸 것이다. 이 물체의 속력은?

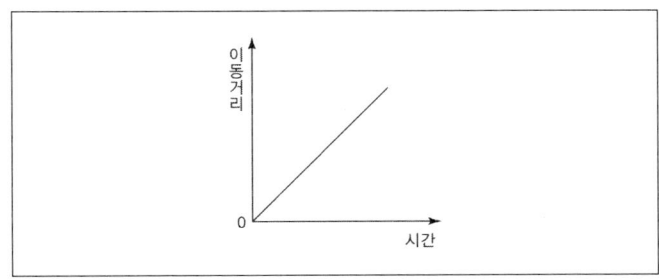

① 증가한다.   ② 일정하다.
③ 감소한다.   ④ 증가하다가 감소한다.

42. 다음에 해당하는 우리 몸의 기관은?

- 강낭콩 모양을 하고 있다.
- 혈액 속의 노폐물을 걸러준다.
- 체액의 조성을 일정하게 유지시킨다.

① 심장   ② 방광
③ 대장   ④ 신장

43. 그림은 A에서 출발한 진자가 D까지 가는 동안의 운동 경로를 나타낸 것이다. 속력이 가장 빠른 곳은? (단, 공기 저항과 마찰은 무시한다.)

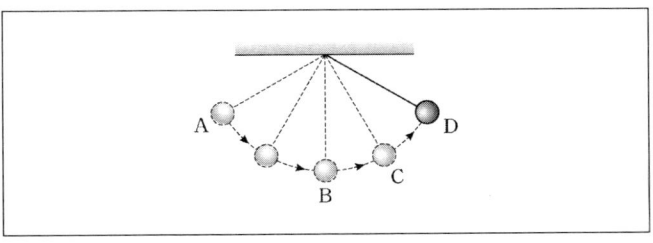

① A   ② B
③ C   ④ D

44. 다음 그림은 사람의 혈액을 구성하는 성분을 나타낸 것이다. A~D에 대한 설명으로 옳지 않은 것은?

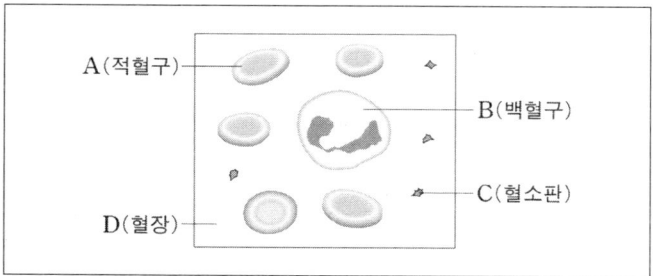

① A : 가운데가 오목한 원반 모양으로 정가운데에 핵이 있다.
② B : 무색투명하며 모양이 불규칙하다.
③ C : 출혈이 생기면 혈액을 응고시켜 출혈을 멈추게 한다.
④ D : 약 90%가 물로 구성되어있다.

45. 다음은 색맹인 甲의 가계도이다. 다음 중 甲의 유전자형으로 옳은 것은?(단, 돌연변이는 없다.)

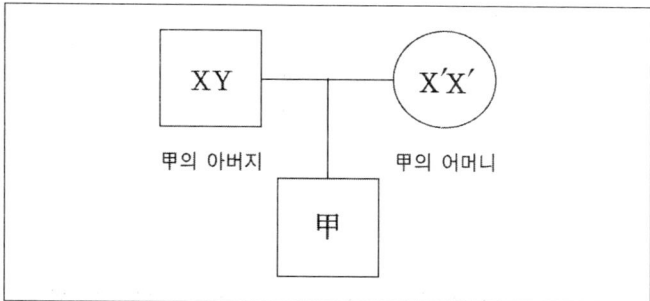

① XY
② XY
③ X′Y
④ X′Y′

경상남도교육청 교육공무직원 기출동형 모의고사

서 원 각
www.goseowon.com

경상남도 교육청 교육공무직원

제2회 모의고사

성명		생년월일	
문제 수(배점)	45문항	풀이시간	/ 50분
영역	직무능력검사		
비고	객관식 4지선다형		

✳ 유의사항 ✳

- 문제지 및 답안지의 해당란에 문제유형, 성명, 응시번호를 정확히 기재하세요.
- 모든 기재 및 표기사항은 "컴퓨터용 흑색 수성 사인펜"만 사용합니다.
- 예비 마킹은 중복 답안으로 판독될 수 있습니다.

제2회 경상남도교육청 교육공무직원 모의고사

1. 다음 중 표준어로만 묶인 것은?
① 사글세, 멋쟁이, 아지랭이, 윗니
② 웃어른, 으레, 상판때기, 고린내
③ 딴전, 어저께, 가엽다, 귀이개
④ 주근깨, 코빼기, 며칠, 가벼히

2. 다음 중 밑줄 친 부분의 맞춤법 표기가 바른 것은?
① 벌레 한 마리 때문에 학생들이 <u>법썩</u>을 떨었다.
② <u>실낱같은</u> 희망을 버리지 않고 있다.
③ <u>오뚜기</u> 정신으로 위기를 헤쳐 나가야지.
④ <u>더우기</u> 몹시 무더운 초여름 날씨를 예상한다.

3. 다음 중 표준 발음법에 대한 설명과 그 예시로 적절하지 않은 것은?
① 시계[시계/시게] : '예, 례' 이외의 'ㅖ'는 [ㅔ]로도 발음한다.
② 밟다[밥 : 따] : 겹받침 'ㄳ', 'ㄵ', 'ㄼ, ㄽ, ㄾ', 'ㅄ'은 어말 또는 자음 앞에서 각각 [ㄱ, ㄴ, ㄹ, ㅂ]으로 발음한다.
③ 닿소[다 : 쏘] : 'ㅎ(ㄶ, ㅀ)' 뒤에 'ㅅ'이 결합되는 경우에는, 'ㅅ'을 [ㅆ]으로 발음한다.
④ 쫓다[쫃따] : 받침 'ㄲ, ㅋ', 'ㅅ, ㅆ, ㅈ, ㅊ, ㅌ', 'ㅍ'은 어말 또는 자음 앞에서 각각 대표음 [ㄱ, ㄷ, ㅂ]으로 발음한다.

4. 다음 〈보기〉와 같은 문장의 빈 칸 ㉠~㉢에 들어갈 알맞은 어휘를 순서대로 나열한 것은?

〈보기〉
• 많은 노력을 기울인 만큼 이번엔 네가 반드시 1등이 (㉠)한다고 말씀하셨다.
• 계약서에 명시된 바에 따라 한 치의 오차도 없이 일이 추진(㉡)를 기대한다.
• 당신의 배우자가 (㉢) 평생 외롭지 않게 해 줄 자신이 있습니다.
• 스승이란 모름지기 제자들의 마음을 어루만져 줄 수 있는 사람이 (㉣)한다.

① 돼어야, 되기, 되어, 되야
② 되어야, 돼기, 돼어, 되야
③ 되어야, 되기, 되어, 돼야
④ 돼어야, 돼기, 돼어, 되어야

5. 밑줄 친 단어의 쓰임이 적절하지 않은 것은?
① 강호는 한 번한 약속은 <u>반드시</u> 지키고 마는 사람이었다.
② 어깨에 우산을 <u>받히고</u> 양손에는 짐을 가득 들었다.
③ 두 사람은 전부터 <u>알음</u>이 있는 사이라 그런지 금방 친해졌다.
④ 정이도 <u>하노라고</u> 한 것인데 결과가 좋지 않아 속상했다.

6. 다음 주어진 글의 빈칸에 들어갈 말로 적절하지 않은 것은?

- 아들이 이름모를 병으로 앓아 누운 뒤로 항상 (   )이 가득한 얼굴이다.
- 그는 매일 밤을 (   )으로 지새웠다.
- 그 사람은 남기고 온 가족들 때문인지 늘 (   )에 찬 얼굴을 하고 있었다.

① 근심　　　　　　② 수심
③ 격정　　　　　　④ 시름

7. 외래어 표기가 바르게 된 것으로만 묶인 것은?

① 부르주아, 비스킷, 심포지움
② 스폰지, 콘셉트, 소파
③ 앙코르, 팜플릿, 플랜카드
④ 샹들리에, 주스, 블라우스

8. 다음 제시된 단어와 같은 관계가 되도록 (   ) 안에 적당한 단어를 고르면?

책 : 위편삼절(韋編三絕) = 가을 : (   )

① 당랑거철(螳螂車轍)
② 천고마비(天高馬肥)
③ 유비무환(有備無患)
④ 삼고초려(三顧草廬)

9. ㉠의 상황을 표현한 한자성어로 적절한 것은?

낭군께서는 이별한 후에 비천한 저를 가슴속에 새겨 근심하지 마시고, 더욱 학업에 힘써 ㉠과거에 급제한 뒤 높은 벼슬길에 올라 후세에 이름을 드날리고 부모님을 현달케 하십시오. 제 의복과 재물은 다 팔아 부처께 공양하시고, 갖가지로 기도하고 지성으로 소원을 빌어 삼생의 연분을 후세에 다시 잇도록 해 주십시오. 그렇게만 해 주신다면 더없이 좋겠나이다! 좋겠나이다!

① 입신양명　　　　② 사필귀정
③ 홍진비래　　　　④ 백년해로

10. 다음 자료를 바탕으로 쓸 수 있는 글의 주제로 가장 적절한 것은?

- 시대마다 다른 화풍을 시도하면서도 꾸준히 창작 활동을 이어간 피카소
- 한때 자신이 세운 회사에서 쫓겨났지만, 복귀 후 더 큰 성공을 거둔 스티브 잡스
- 50대의 나이에 집필을 시작해 대작을 완성한 박경리

① 예술과 기술 분야는 서로 다른 창작 원리를 따르므로 비교할 수 없다.
② 개인의 성장과 성취는 과거의 한계에 제약받지 않고 이룰 수 있다.
③ 한 분야에서 성공하려면 처음 선택한 방향을 끝까지 고수해야 한다.
④ 창조적 성취는 젊은 시절의 집중적인 노력을 통해서 가능하다.

11. 다음 문단들을 가장 자연스럽게 연결한 것은?

> (가) 누구나 평화롭고 생산적인 사회에서 살아가길 원한다.
> (나) 토의나 설득과 같은 이성적인 수단으로 타인에게 영향력을 행사할 때 때 비로소 개인의 권리가 보장되는 사회가 된다.
> (다) 이는 도덕적이고 문명화된 집단 만드는 사회 기본 원리를 수용하는 경우에만 실현 가능하다.
> (라) 반대로 자유로운 물리력 행사가 가능한 상황에서 개인의 권리는 침해당한다.
> (마) 어떤 사람이 타인의 삶을 빼앗거나 의지에 반하도록 강요하기 위해서는 물리적 수단을 사용할 수밖에 없기 때문이다.

① (가) → (다) → (나) → (라) → (마)
② (가) → (나) → (다) → (마) → (라)
③ (나) → (가) → (라) → (다) → (마)
④ (마) → (다) → (나) → (가) → (라)

12. 다음 글에 나타난 진정한 용기와 가장 거리가 먼 것은?

> 용기는 두려움이 없는 상태가 아니라, 두려움을 느끼면서도 옳은 일을 선택하는 태도이다. 전쟁터에서 적을 향해 돌진하는 군인에게도 공포는 존재한다. 그러나 그는 동료를 지키고 임무를 완수하기 위해 두려움을 감내한다. 마찬가지로 불의를 목격한 평범한 시민이 침묵하지 않고 목소리를 내는 것이나 실패할 가능성이 크더라도 새로운 도전을 시작하는 것 등이 모두 진정한 용기의 모습이다. 용기는 일생의 큰 사건에서만 발휘되는 것이 아니라 일상 속 작은 선택에서도 드러난다. 자신의 이익을 포기하고 타인을 돕는 작은 행동과 주변의 비난을 감수하면서도 조용히 신념을 지키는 태도가 바로 용기인 것이다.

① 친구들이 약자를 괴롭히는 것을 보고 관계가 멀어질 것을 알면서도 이를 제지한 학생
② 회사에서 부당한 지시를 받았지만 승진을 위해 묵묵히 따른 직장인
③ 환자를 위해 성공률이 낮은 수술을 집도하기로 결심한 의사
④ 사업 실패로 빚을 지게 되었지만 포기하지 않고 성실히 갚아나가기로 다짐한 사업가

13. 다음 주어진 글의 중심 내용으로 적절한 것은?

> 전문적 읽기는 직업이나 학업과 관련하여 전문적으로 글을 읽는 방법을 말하는데, 주제 통합적 독서와 과정에 따른 독서가 여기에 포함된다.
> 주제 통합적 독서는 어떤 문제를 해결하려고 주제와 관련된 다양한 글을 서로 비교하여 읽고 자신의 관점을 정리하는 것을 말한다. 보고서를 쓰려고 주제와 관련된 여러 자료를 서로 비교하면서 읽는 것을 그 예로 들 수 있다.
> 과정에 따른 독서는 '훑어보기, 질문 만들기, 읽기, 확인하기, 재검토하기' 등과 같은 순서로 읽는 방법을 말한다. 훑어보기 단계에서는 제목이나 목차, 서론, 결론, 삽화 등을 보고 내용을 예측하면서 대략적으로 훑어본다. 질문하기 단계에서는 훑어보기를 바탕으로 궁금하거나 알고 싶은 내용들을 스스로 질문한다. 질문은 육하원칙(누가, 무엇을, 언제, 어디서, 왜, 어떻게)을 활용하고, 메모해 두는 것이 좋다. 읽기 단계에서는 훑어보기와 질문하기 내용을 염두에 두고 실제로 글을 읽어 나간다. 확인하기 단계에서는 앞의 질문하기 단계에서 제기한 질문들에 대한 내용을 확인하거나 메모한다. 재검토하기 단계에서는 지금까지 진행한 모든 단계들을 종합하여 주요 내용들을 재검토하여 정리하고 확인한다.

① 학업과 관련한 독서 방법
② 과정에 따른 독서의 순서
③ 전문적 읽기 방법
④ 주제 통합적 독서의 중요성

14. 다음 글이 들어가야 할 위치로 알맞은 것은?

> 예컨대 팀워크, 성과, 효율과 같은 단어는 특정 가치와 행동을 강조하며, 구성원들이 무의식적으로 조직의 목적에 맞게 행동하도록 만든다.

> 조직은 구성원 사이의 관계망 속에서 의미를 형성한다. ㉠ 조직 내에서 통용되는 언어는 이러한 관계의 성격을 드러내는 중요한 단서가 된다. 마르크스는 언어를 단순한 의사소통 수단이 아니라, 사회적 관계를 반영하고 재생산하는 실천으로 보았다. ㉡ 이러한 언어가 구성원들의 가치와 행동을 규정하는 권력의 작동 방식과도 밀접히 연관된다.
> 그러나 언어가 조직을 일방적으로 지배하는 것만은 아니다. 구성원들의 실천을 통해 언어는 다시 변화할 수도 있다. 조직 구성원들이 사용하는 언어의 방식이 바뀌면 조직의 가치 체계나 의사소통 구조도 달라질 수 있기 때문이다. ㉢ 이러한 관점에서, 조직은 언어를 통해 구성되고, 언어는 다시 조직을 통해 끊임없이 재해석되는 상호작용의 장이라 할 수 있다. ㉣

① ㉠
② ㉡
③ ㉢
④ ㉣

15. 다음 중 글의 흐름으로 볼 때 삭제해도 되는 문장은?

> 환각이 비교적 정신이 멀쩡한 사람에게도 흔히 일어나는 증상이라는 사실은 1970년대 이전까지도 잘 알려지지 않았는데, 환각의 원인에 대한 배경지식이 매우 부족했기 때문이다. ㉠하지만 1970년대 후반에 접어들면서, 극도의 스트레스, 수면 부족 등 비 병리적인 조건에서도 건강한 사람들이 시각적, 청각적 환각을 경험한다는 사실이 밝혀지기 시작했다. ㉡특히 영국의 정신과 의사였던 피터 슬레이드(Peter Slade)의 연구는 환각 경험이 질병의 유무와 상관없이 인간의 뇌가 가진 보편적인 지각 과정의 하나로 이해될 수 있음을 시사했다. ㉢그는 연구를 발표한 뒤 영국 의학협회에서 생리학 부문 공로상을 수상하였으며, 이후 학문적 명성을 바탕으로 여러 방송 인터뷰와 강연을 통해 대중에게 심리학의 중요성을 알리는 데 힘썼다. ㉣이러한 인식의 전환은 환각을 정신 질환의 특정 증상으로만 보는 것이 아니라, 뇌의 정보 처리 시스템 오류나 극단적인 환경 반응으로 폭넓게 해석할 수 있는 새로운 시각을 열어주었다.

① ㉠
② ㉡
③ ㉢
④ ㉣

16. 다음 글에 대해 제시할 수 있는 비판으로 가장 적절한 것은?

> 소통은 결국 상대방을 설득하는 행위이다. 우리가 대화를 나누는 목적은 자기 생각을 상대에게 이해시키고, 나아가 상대가 그 생각에 동의하도록 만드는 데 있다. 대화란 타인의 입장을 그대로 수용하는 것이 아니라 합리적인 근거를 통해 잘못된 생각을 바로잡는 과정이므로 논리적으로 설득할 수 없다면 그 대화는 의미를 잃는다.
>
> 게다가 감정적 호소나 모호한 표현은 오히려 소통을 방해하는 요인이 될 수 있다. 사람은 감정에 휘둘릴 때 객관적인 판단을 잃게 되고, 이성적인 대화를 할 수 없기 때문이다. 서로 다른 의견을 끝없이 호소하거나 수용하는 태도는 진정한 소통이 아니며, 그것은 단지 갈등을 회피하고 문제 해결을 미루는 소극적 태도에 불과하다.
>
> 결국 진정한 소통이란 논리와 근거를 바탕으로 상대의 생각을 바꾸어 모두가 동일한 결론에 도달하는 상태, 즉 의견의 일치를 이루는 것이다. 끝내 의견이 통일되지 못했다면 그 대화는 일부분 실패한 소통이라고 볼 수 있다. 합리적인 사고의 일치를 통한 진리의 확립은 소통의 최우선적인 목적이 되어야 할 것이다.

① 소통의 실패를 논리적 근거 부족에서 찾고 있다.
② 대화의 주체인 개인의 이성적 판단 능력을 과소평가하고 있다.
③ 소통으로 인한 감정적 교류나 관계 형성의 가치를 간과하고 있다.
④ 진정한 소통이 모두 동일한 결론에 도달해야 한다는 주장은 비현실적이다.

17. 다음 글의 빈칸에 들어갈 내용으로 적절한 것은?

어떤 사람은 어려서부터 남들과 다른 감각과 사고 능력을 지니며, 그러한 재능은 교육이나 노력만으로는 만들어낼 수 없는 경우가 많다. 이러한 재능을 천재성이라고 한다. 천재성은 타고난 자질의 산물로, 역사상 위대한 업적을 남긴 인물들은 모두 그 시대의 평범한 사람들과 구별되는 독보적인 능력을 갖추고 있었다. 그러나 역사적으로 볼 때, _____ 이는 천재적인 능력을 갖춘 사람들의 수에 비해서 그만한 업적을 낸 과학자의 수가 턱없이 모자라다는 사실만 보아도 쉽게 알 수 있다. 실제로 많은 나라에서 영재학교를 운영하고 있지만, 과학의 역사를 혁명적으로 바꿔낼 만한 인재를 배출하는 일은 매우 드물다. 이는 인류의 위대한 성취가 개인 내부의 천재성만으로 발휘되는 것이 아니라, 사회적 환경과 시대적 조건 등의 요소가 함께 갖추어져야 함을 암시한다. 결국 천재성은 개인의 타고난 능력에 더해, 그것을 꽃피울 수 있는 문화적, 제도적 토양 속에서 비로소 의미를 갖는다.

① 천재성은 선천적인 능력의 차이에서 비롯되며, 노력으로는 대체할 수 없다.
② 인류의 발전은 언제나 비범한 천재들의 개별적인 역량에서 출발한다.
③ 과학의 발전은 재능보다 노력의 결과에 달려 있다.
④ 충분한 천재성을 갖추고 있었음에도 천재적인 업적을 내지 못한 과학자는 많다.

18. 다음 제시된 문장들을 논리적으로 가장 바르게 배열한 것은?

(가) 앞서 조선은 태종 때 이미 군선이 속력이 느릴 뿐만 아니라 구조도 견실하지 못하다는 것이 거론되어 그 해결책으로 쾌선을 써보려 하였고 귀화왜인으로 하여금 일본식 배를 만들게 하여 시험해 보기도 하였다. 또한 귀선 같은 특수군선의 활용방안도 모색하였다.
(나) 갑조선은 조선 초기 새로운 조선법에 따라 만든 배를 말하는데 1430년(세종 12) 무렵 당시 중국·유구·일본 등 주변 여러 나라의 배들은 모두 쇠못을 써서 시일을 두고 건조시켜 견고하고 경쾌하며 오랫동안 물에 떠 있어도 물이 새지 않았고 큰 바람을 만나도 손상됨이 없이 오래도록 쓸 수 있었지만 우리나라의 군선은 그렇지 못하였다.
(다) 그리고 세종 때에는 거도선을 활용하게 하는 한편 「병선수호법」을 만드는 등 군선의 구조개선이 여러 방면으로 모색되다가 드디어 1434년에 중국식 갑조선을 채택하기에 이른 것이다. 이 채택에 앞서 조선을 관장하는 경강사수색에서는 갑조선 건조법에 따른 시험선을 건조하였다.
(라) 하지만 이렇게 채택된 갑조선 건조법도 문종 때에는 그것이 우리나라 실정에 적합하지 않다는 점이 거론되어 우리나라의 전통적인 단조선으로 복귀하게 되었고 이로 인해 조선시대의 배는 평저선구조로 일관하여 첨저형선박은 발달하지 못하게 되었다.
(마) 이에 중국식 조선법을 본떠 배를 시조해 본 결과 그것이 좋다는 것이 판명되어 1434년부터 한때 쇠못을 쓰고 외판을 이중으로 하는 중국식 조선법을 채택하기로 하였는데 이를 갑선·갑조선 또는 복조선이라 하고 재래의 전통적인 우리나라 조선법에 따라 만든 배를 단조선이라 했다.

① (가) - (나) - (다) - (라) - (마)
② (나) - (마) - (가) - (다) - (라)
③ (가) - (라) - (다) - (나) - (마)
④ (나) - (다) - (가) - (마) - (라)

19. 다음 제시된 그림과 같이 블록을 쌓기 위해 필요한 블록 수는?

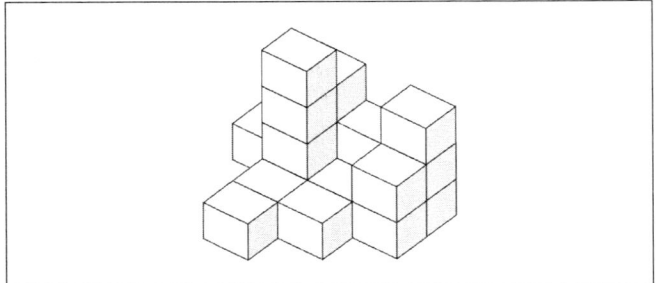

① 17개
② 18개
③ 19개
④ 20개

20. 다음 제시된 블록을 화살표 표시한 방향으로 바라보았을 때의 모양으로 알맞은 것은?

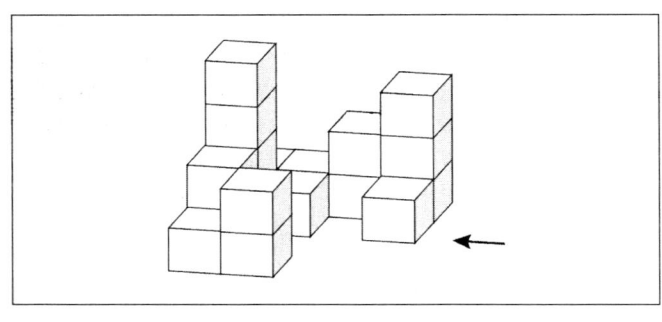

① 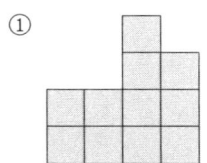 ②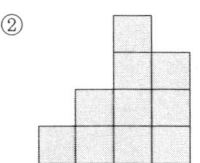

③ 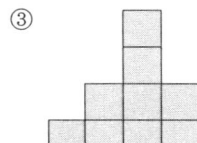 ④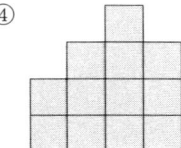

21. 다음에 제시된 두 도형을 결합하였을 때, 만들 수 있는 형태가 아닌 것은? (단, 도형은 어느 방향으로든 회전이 가능하다)

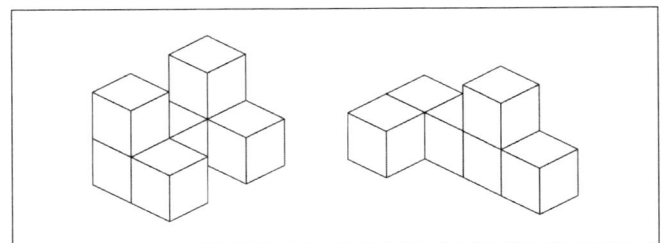

①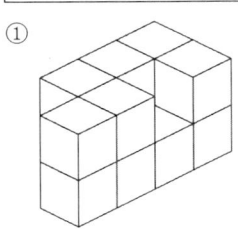

②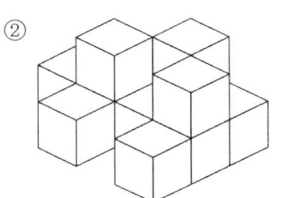

③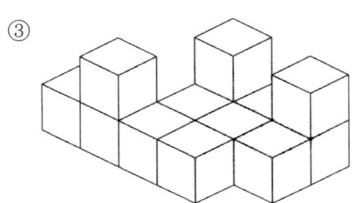

④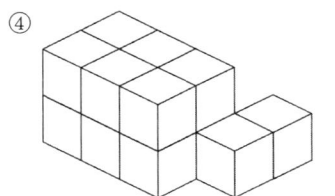

| 22~23 | 다음 전개도를 접었을 때, 나타나는 도형의 모양으로 알맞은 것을 고르시오.

22.

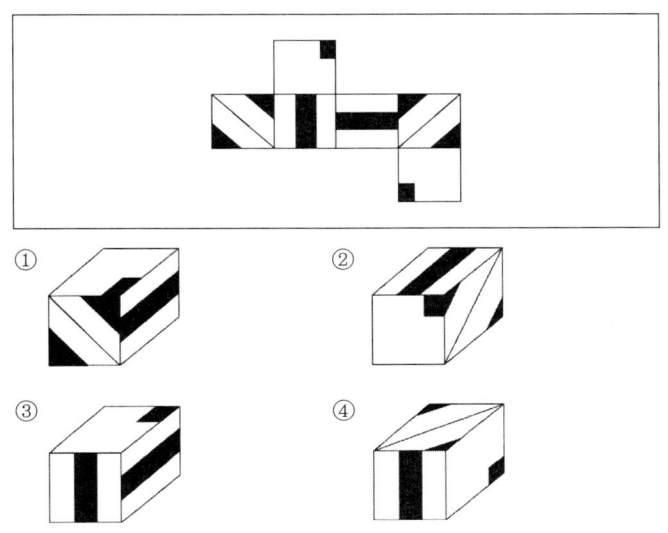

24. 다음과 같이 종이를 접은 후 구멍을 뚫고 펼친 뒤의 그림으로 옳은 것은?

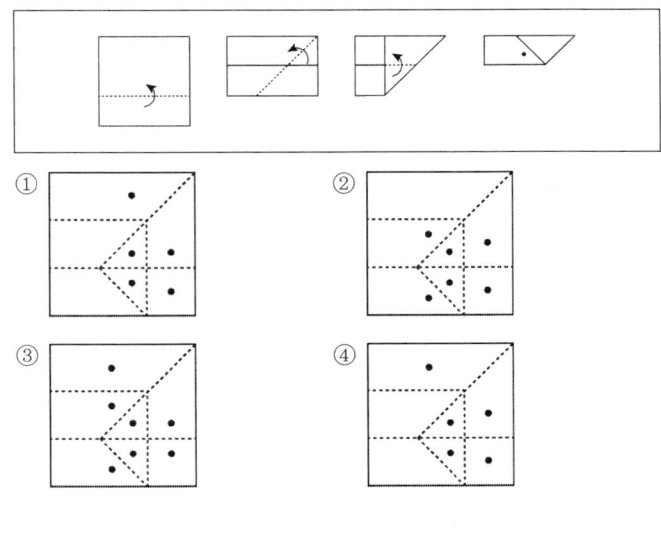

23.

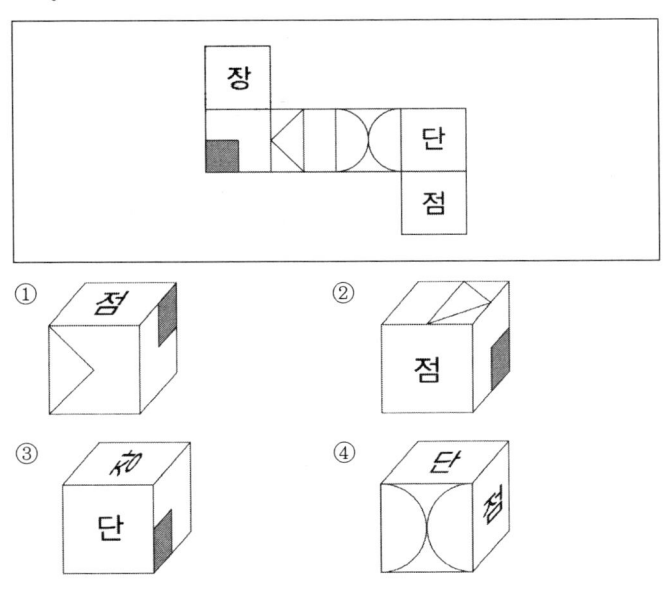

25. 종이를 다음과 같이 접었다가 폈을 때 접은 자국을 따라 나올 수 있는 사각형의 수는?

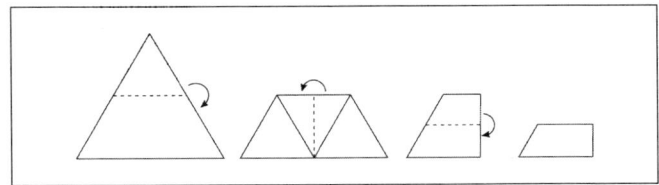

① 17개
② 18개
③ 19개
④ 20개

26. 다음의 제시된 도형을 조합하여 만들어지는 것을 고르면?

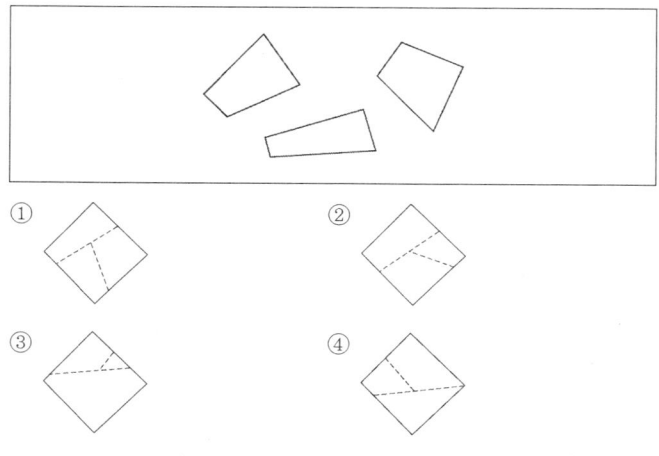

27. 다음 제시된 그림을 반시계방향으로 90° 회전하고 좌우로 반전했을 때 나타나는 모양은?

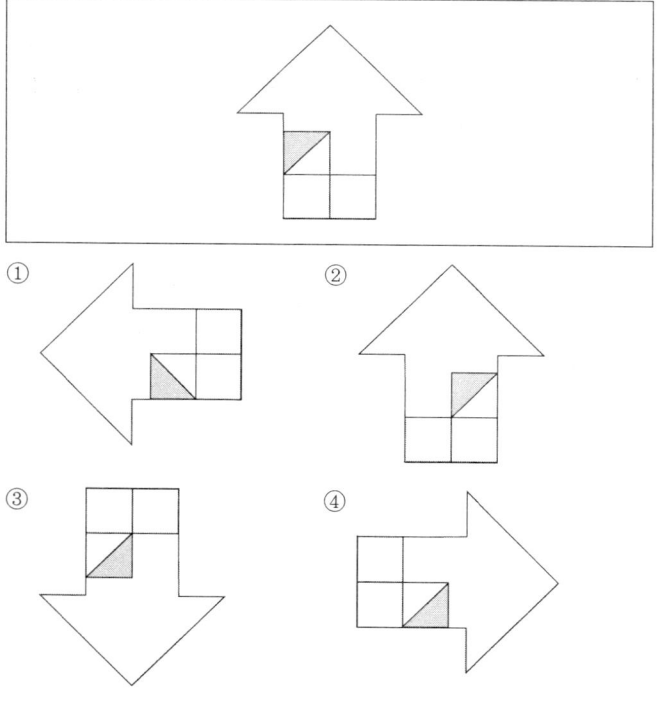

28. 다음에 주어진 조건이 모두 참일 때 옳은 결론을 고르면?

- 민지, 영수, 경호 3명이 1층에서 엘리베이터를 탔다. 5층에서 한 번 멈추었다.
- 3명은 나란히 서 있었다.
- 5층에서 맨 오른쪽에 서 있던 영수가 내렸다.
- 민지는 맨 왼쪽에 있지 않다.

A : 5층에서 엘리베이터가 다시 올라갈 때 경호는 맨 오른쪽에 서 있게 된다.
B : 경호 바로 옆에는 항상 민지가 있었다.

① A만 옳다.
② B만 옳다.
③ A와 B 모두 옳다.
④ A와 B 모두 그르다.

29. 다음의 말이 전부 진실일 때 항상 거짓인 것을 고르면?

- 민수는 25살이다.
- 민수는 2년 터울의 여동생이 2명 있다.
- 영민이는 29살이다.
- 영민이는 3년 터울의 여동생이 2명 있다.

① 영민이의 첫째 동생이 동생들 중 나이가 가장 많다.
② 영민이의 둘째 동생과 민수의 첫째 동생은 나이가 같다.
③ 민수의 막내동생이 가장 어리다.
④ 민수는 영민이의 첫째 동생보다는 나이가 많다.

30. 다음으로부터 바르게 추론한 것은?

> 이번 학기에 경영학과 강의인 〈회계원리〉, 〈인사관리〉, 〈국제재무관리〉, 〈국제마케팅〉 4과목을 갑, 을, 병, 정, 무 중 4명에게 각 한 강좌씩 맡기려 한다. 갑~무는 다음과 같이 예측했는데 한 사람만이 거짓임이 밝혀졌다.
> 갑 : 을이 회계원리를 담당하고 병은 강좌를 맡지 않을 것이다.
> 을 : 병이 인사관리를 담당하고 정의 말은 참일 것이다.
> 병 : 정은 국제마케팅이 아닌 다른 강좌를 담당할 것이다.
> 정 : 무가 국제마케팅을 담당할 것이다.
> 무 : 을의 말은 거짓일 것이다.

① 갑은 회계원리를 담당한다.
② 을은 국제재무관리를 담당한다.
③ 병은 강좌를 맡지 않는다.
④ 정은 국제마케팅을 담당한다.

31. 민혁이, 재준이, 은영이, 혜수가 어느 날 범인으로 몰려 경찰의 조사를 받고 있다. 이들의 진술을 읽고 범인을 고르면?(단, 이들 중 한 명만이 진실을 말하고 있다.)

> • 민혁 : 재준이가 범인이에요.
> • 재준 : 혜수가 범인이에요.
> • 은영 : 난 범인이 아니에요.
> • 혜수 : 재준이가 거짓말을 하고 있어요.

① 민혁   ② 재준
③ 은영   ④ 혜수

32. 다음 추론에서 밑줄 친 곳에 들어갈 문장으로 가장 적절한 것은?

> • 사색은 진정한 의미에서 예술이다.
> • 예술은 인간의 삶을 풍요롭게 만든다.
> • 그러므로 _____

① 사색과 예술은 진정한 의미에서 차이가 있다.
② 사색은 인간의 삶을 풍요롭게 만든다.
③ 예술가가 되려면 사색을 많이 해야 한다.
④ 사색은 예술이 태어나는 모태가 된다.

33. 갑, 을, 병, 정의 위치가 다음과 같을 때 반드시 참인 것은?

> • 갑은 을의 앞에 있다.
> • 병은 갑의 뒤에 있다.
> • 정은 을 뒤에 있다.

① 정은 가장 뒤에 있다.
② 병은 정 앞에 있다.
③ 을은 병보다 앞에 있다.
④ 갑이 가장 앞에 있다.

|34~35| 다음의 사실이 전부 참일 때 항상 참인 것을 고르시오.

34.

- 사과를 좋아하는 어린이는 수박도 좋아한다.
- 배를 좋아하지 않는 어린이는 수박도 좋아하지 않는다.
- 귤을 좋아하지 않는 어린이는 배도 좋아하지 않는다.

① 사과를 좋아하는 어린이는 배를 싫어한다.
② 수박을 좋아하는 어린이는 귤도 좋아한다.
③ 수박을 좋아하지 않는 어린이는 배를 좋아하지 않는다.
④ 배를 좋아하지 않는 어린이는 귤을 좋아하지 않는다.

35.

- A~E 5명의 입사성적을 비교하면 A의 순번 뒤에는 2명이 있다.
- D의 순번 바로 앞에는 B가 있다.
- E의 앞에는 2명 이상의 사람이 있고 C보다는 앞이었다.

① 입사성적이 동점인 사람이 있다.
② 입사성적인 두 번째로 높은 사람은 D가 된다.
③ A는 B보다 입사성적이 좋다.
④ D는 입사성적이 가장 낮다.

36. 다음 제시문에서 범하고 있는 논리적 오류와 다른 것은?

환경 보호에 반대하지 않겠다면 그것은 경제 성장을 포기하겠다는 의미이다.

① 과학이 증명하지 못한 일은 모두 거짓이다.
② 우리 반의 공부 잘하는 학생들이 다 안경을 썼으니, 안경을 쓰면 성적이 오를 것이다.
③ 내 의견에 동의하지 않으면 나를 우습게 여기고 있는 것이다.
④ 학교 규칙을 지키는 학생은 다 착하고, 어기는 학생은 모두 나쁜 학생이다.

|37~38| 다음에서 각 문제의 왼쪽에 표시된 기호, 문자, 숫자를 오른쪽에서 모두 찾아 개수를 세어보시오.

37.

① 1개 ② 2개
③ 3개 ④ 4개

38.

| (하) | (하)(라)(파)(시)(하)(마)(나)(파)(라)(가)(가)(가)(바)(하)(가)(마) |

① 1개 ② 2개
③ 3개 ④ 4개

【39~40】 주어진 보기를 참고하여 제시된 단어가 바르게 표기된 것을 고르시오.

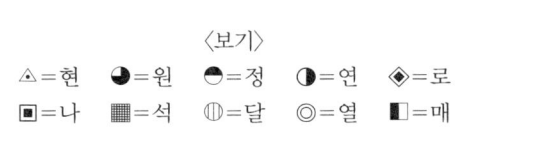

39.

| 현 달 연 원 석 |

① △◐◯●◆
② △◐◐●▦
③ ◐■◐●▦
④ ■◐●●◗

40.

| 로 나 달 정 매 |

① ◎●◐●◗
② ◆■◐▦△
③ ◆■◐●◗
④ ◐◐●■△

41. 식물의 호흡에 대한 설명으로 옳은 것은?

① 식물은 호흡을 하지 않는다.
② 식물은 호흡을 통해 포도당을 만든다.
③ 식물의 호흡은 밤낮으로 항상 일어난다.
④ 식물은 호흡할 때 이산화탄소를 흡수한다.

42. 물질의 변화가 나머지와 다른 것은?

① 나무가 탄다.
② 철로 된 문이 녹슬었다.
③ 유리창이 야구공에 깨졌다.
④ 껍질을 벗겨 둔 사과의 색이 변했다.

43. 다음에서 설명하는 행성은?

- 행성 중 지구에서 가장 가깝다.
- 행성 중 가장 밝게 관측되며, 흔히 샛별이라고도 부른다.

① 수성   ② 금성
③ 목성   ④ 토성

44. 다음 설명에 해당하는 인체 내 기관으로 옳은 것은?

- 구강과 식도를 통해 내려온 음식물을 잠시 동안 저장하고 일부 소화 작용을 거쳐 소장으로 내려 보내는 역할을 한다.
- 펩신이 들어있는 소화액을 분비한다.

① 신장 ② 췌장
③ 간   ④ 위

45. 다음의 물질 대사 과정은 무엇이며, 이 과정이 일어나는 장소는 어디인가?

$$이산화탄소 + 물 \xrightarrow{빛 에너지} 포도당 + 물 + 산소$$

① 광합성   핵
② 호흡   핵
③ 광합성   엽록체
④ 호흡   엽록체

경상남도교육청 교육공무직원 기출통형 모의고사

직무능력검사

서 원 각
www.goseowon.com

경상남도 교육청 교육공무직원

제3회 모의고사

성명		생년월일	
문제 수(배점)	45문항	풀이시간	/ 50분
영역	직무능력검사		
비고	객관식 4지선다형		

✳ 유의사항 ✳

- 문제지 및 답안지의 해당란에 문제유형, 성명, 응시번호를 정확히 기재하세요.
- 모든 기재 및 표기사항은 "컴퓨터용 흑색 수성 사인펜"만 사용합니다.
- 예비 마킹은 중복 답안으로 판독될 수 있습니다.

제3회 경상남도교육청 교육공무직원 모의고사

1. 다음 밑줄 친 부분과 가장 가까운 의미로 쓰인 것은?

> 내 얼굴을 봐서라도 열심히 일해라.

① 얼굴에 피곤함이 가득하다.
② 얼굴에 무얼 묻히고 다니니?
③ 네가 우리 반 얼굴이다.
④ 얼굴이 그게 뭐니?

|2~3| 다음 제시된 단어와 같은 관계가 되도록 ( ) 안에 적당한 단어를 고르시오.

2.

> 풍만 : 윤택 = 단절 : ( )

① 계승　　　　② 연결
③ 불통　　　　④ 연락

3.

> 이슬 : 눈물 = 용(龍) : ( )

① 산　　　　② 임금
③ 세상　　　　④ 동물

4. 다음 문장의 문맥상 ( ) 안에 들어갈 단어로 가장 적절한 것은?

> 인수는 인격이나 비위에 거슬릴 것도 없는 편안한 말 상대가 필요했고 혜정이는 ( )이었다. 그녀는 자신이나 남의 과거가 드러나는 데 담담하다가도 곧잘 맞장구도 쳐줘서 말할 맛을 나게 해주었다.

① 첩경(捷勁)
② 적격(適格)
③ 대안(對案)
④ 구면(舊面)

5. 다음 관용 표현의 의미가 잘못 풀이된 것은?

① 발이 넓다 : 알고 지내는 사람이 많아 인맥이 넓다.
② 발이 좁다 : 알고 지내는 사람이 많지 않아 교제가 적다.
③ 발이 길다 : 음식 먹는 자리에 우연히 가게 되어 먹을 복이 있다.
④ 발이 묶이다 : 일정한 곳에 머물러 있어 자주 왕래하게 된다.

6. 다음의 문장 중, 이중피동이 사용된 사례를 모두 고른 것은?

> ㉠ 이윽고 한 남성이 산비탈에 놓여진 사다리를 타고 오르기 시작했다.
> ㉡ 그녀의 눈에 눈물이 맺혀졌다.
> ㉢ 자장면 네 그릇은 그들 두 사람에 의해 단숨에 비워졌다.
> ㉣ 그는 바람에 닫혀진 문을 바라보고 있었다.

① ㉡, ㉢, ㉣
② ㉠, ㉡, ㉣
③ ㉠, ㉢, ㉣
④ ㉠, ㉡, ㉢

7. 다음 중 친구·우정과 관련된 한자성어가 아닌 것은?

① 금란지계(金蘭之契)
② 삼천지교(三遷之敎)
③ 관포지교(管鮑之交)
④ 수어지교(水魚之交)

8. 다음 글의 밑줄 친 어휘가 의미상 올바르게 대체될 수 없는 것은?

> 오랜 세월 동안 함께 살아온 이웃들이 점차 ㉠소원해지고 있다. 예전에는 작은 일에도 서로 도움을 주고받았지만 이제는 마주쳐도 인사 한마디 없이 지나치는 경우가 많다. 개인주의적 생활방식이 사람들 사이의 거리를 넓힌 것이다.
> 이 같은 변화 속에서, 일부 마을들은 전통적인 관계망을 복원하기 위한 사업을 추진하고 있다. 그러나 세대를 아우르는 가치관의 차이는 쉽게 ㉡조율하기 어렵다. 젊은 세대와 노년층이 추구하는 생활방식이 다르다는 점이 가장 큰 문제이다.
> 또한 오래된 갈등을 ㉢청산하지 못하고 서로에 대한 신뢰 회복이 더디게 진행되고 있다. 그럼에도 불구하고 해당 마을은 이번 협의회를 통해 주민 간 대화를 이어가며 이번 ㉣사안을 해결하기 위한 구체적 방안을 논의할 의향이라고 밝혔다.

① ㉠ 소격
② ㉡ 조정
③ ㉢ 결산
④ ㉣ 현안

9. 다음의 밑줄 친 부분과 가장 유사한 의미로 사용된 것은?

> 그렇게 강조해서 시험 문제를 짚어 주었는데도 성적이 그 모양이냐.

① 손가락으로 글자를 짚어 가며 가르쳐주었다.
② 이마를 짚어 보니 열이 있었다.
③ 목발을 짚는 것만으로도 그는 감사한 마음으로 쾌유를 기다려야만 했다.
④ 헛다리를 짚었구나.

10. 다음 글에 제시된 내용을 아래에서 모두 고르면?

지구의 평균 기온은 태양 복사 에너지의 유입과 지표에서 방출되는 열복사 에너지의 균형인 복사 평형에 의해 결정된다. 이때 대기 중의 온실가스가 특정 파장의 적외선을 흡수하고 다시 방출하여 대류권 내의 열에너지를 일정 수준 머물게 하는데, 이러한 현상을 온실효과라고 한다.

정상적인 양의 온실가스는 생명 유지에 필요한 적절한 온도를 만드는 데 필수적이다. 만약 온실가스가 부재하다면 지구는 받은 열의 대부분을 그대로 방출시켜 평균 기온이 극단적으로 내려갈 것이며, 지금과 같은 일정한 온도를 유지할 수 없을 것이다. 그러나 과도한 온실가스의 증가는 지구 기후 시스템의 균형을 무너뜨릴 수 있다. 문제는 주로 화석 연료 등의 연소로 인한 기체들이 과다하게 방출됨으로써 온실 효과가 심해진다는 점이다. 현재 산업화 이후 화석연료 사용이 급격히 늘면서 대기 중 온실가스 농도는 지속적으로 상승하는 추세이다. 이에 따라 지구의 평균 기온 또한 꾸준히 높아지고 있다.

이러한 변화는 농업 생산량 감소와 식수 부족, 생태계 붕괴 등으로 이어지며 인류의 생존 기반에도 직접적인 영향을 미친다. 결국 온실효과의 문제는 환경을 넘어 인류 전체의 지속 가능성과도 연결되어 있다. 따라서 온실가스의 균형을 유지하며 배출량을 조절하려는 각국의 노력이 이루어져야 한다.

㉠ 복사 평형의 측정법
㉡ 온실효과 발생 원인
㉢ 온실효과의 순기능
㉣ 기온 유지를 위한 각국의 사례

① ㉠, ㉡
② ㉠, ㉢
③ ㉡, ㉢
④ ㉢, ㉣

11. 다음 글의 제목으로 가장 적절한 것은?

창의성은 '어디에도 없던 것'이 아닌 익숙한 세계를 나만의 눈으로 새롭게 엮어내는 과정에서의 발견이다. 새로운 아이디어가 완전히 낯선 곳에서 갑자기 떠오르는 경우는 흔치 않다. 대부분의 발상은 이미 존재하는 생각이나 요소들을 새로운 방식으로 연결하고 재조합하는 데에서 비롯된다. 에디슨이 전구를 발명할 수 있었던 것도 전혀 새로운 개념을 만든 것이 아니라 기존의 재료와 원리를 다르게 조합했기 때문이다. 따라서 창의성이란 무(無)에서 유(有)를 창조하는 능력이 아니라 대상을 낯설게 바라보는 시선과 이를 재조합하는 능력에 가깝다.

그렇다면 이러한 독창적인 시선은 어디에서 오는가? 우리는 모두 서로 다른 고유한 삶과 경험을 가지고 있다. 세상에 자신과 완전히 똑같은 경험과 생각을 가진 사람은 없으며, 이러한 차이가 곧 사고방식의 차이를 만들어 낸다. 그렇기 때문에 창의성이란 나의 고유한 생각을 표현하는 것과 같다. 개인이 이미 갖춘 독창적인 시선에서 출발해 다양한 산물들을 이어 붙이는 것이다.

① 타고난 재능에서 비롯되는 창의성
② 에디슨과 혁신적인 발명의 역사
③ 창의적인 아이디어를 얻기 위한 효과적인 방법
④ 창의성, 낯익은 것을 새롭게 바라보는 힘

12. 다음 글의 전개 순서로 가장 자연스러운 것은?

⊙ 이러한 역설은 인문적 성찰의 수요와 제도적 위상이 반드시 일치하지 않음을 보여준다. 인문 정신은 단순히 개인의 위로를 제공하는 정서적 보상뿐만 아니라 현대 사회가 놓치기 쉬운 윤리적인 질문을 제기하는 비판적 기능을 수행하기 때문이다.
ⓒ 현대 사회에서 인문은 여러 부분에서 자주 등장한다. 교육적 측면에서 일부 인문학과가 통폐합되는 등의 쇠락을 겪는 반면, 일상생활에서는 여전히 인문 강좌와 전시, 문화 행사가 활발히 열려 대중의 관심을 끌고 있다.
ⓒ 인문은 특정 사회의 틀에만 갇히지 않고 다른 문화와의 교류를 통해 보편적 통찰을 확장할 수도 있다. 그러나 민족주의적 시장 논리에 의해 인문이 도구화될 위험도 동시에 상존한다.
ⓔ 결국 인문학의 역할은 시대적 조건 속에서 그 폭과 깊이를 새로이 규정하고, 기술적 진보와 공존하면서도 인간 삶의 근본 문제들을 계속해서 물을 때 비로소 의미를 갖는다.

① ㉠-㉡-㉢-㉣
② ㉡-㉠-㉢-㉣
③ ㉡-㉢-㉠-㉣
④ ㉢-㉣-㉠-㉡

13. 다음 글의 논증 구조를 옳게 파악한 것은?

㉠ 인류는 오랫동안 자신을 만물의 영장이라 여겨왔다. 그러나 오늘날 생명과 우주의 본질에 관한 과학적 탐구가 깊어질수록, 인간이 모든 존재 위에 군림한다는 생각은 점점 설득력을 잃고 있다. ㉡ 인간의 몸은 수많은 세균과 미생물, 기생 생물들이 얽혀 이루어진 복합적 생명 구조이며, 인간 사회 또한 다른 생명체 및 환경과의 공생 속에서만 유지된다.
㉢ 이러한 관점에서 보면, 인간만이 역사와 문명의 주체라는 믿음 또한 수정되어야 한다. 지질학적 변화, 기후, 기술적 인공물 등은 인간의 행위 못지않게 사회를 움직이는 중요한 요소들이다. 최근 학자들은 인간 중심의 사고를 넘어, 비인간 존재들 역시 서로 영향을 주고받는 행위자로서 세계를 구성한다고 본다. 인간이 사물을 지배하는 것이 아니라 사물과 인간이 함께 세계를 만들어간다는 것이다.
이러한 인식의 전환은 우리가 역사와 책임을 바라보는 태도에도 영향을 미친다. 인간이 벌인 전쟁과 환경 파괴, 탐욕의 결과는 사라지지 않고, 다만 주변의 산과 강, 대기와 토양이 그 흔적을 기억한다. ㉣ 세상 만물이 인간의 행위를 목격하고 응답한다는 이 깨달음은 우리가 지구 생태계의 일원으로서 겸허함과 공존의 윤리를 회복해야 함을 시사한다.

① ㉣은 ㉠에 대한 근거이다.
② ㉡은 ㉠의 주장을 뒷받침한다.
③ ㉢은 ㉣의 결론을 끌어내기 위한 구체적 사례이다.
④ ㉠은 글에서 말하고자 하는 중심 결론이다.

│14~15│ 다음 글을 읽고 물음에 답하시오.

> 과학은 인류 문명을 발전시킨 핵심 동력이지만, 그 중요성이 단순히 기술 혁신에만 있지 않다. 인류의 지식 범위를 넓히고 자연의 원리를 이해하는 것 자체가 과학의 본래 목적이다. 근대의 과학혁명은 인간의 이성을 기반으로 한 철학적 사유의 확장과 맞물려 있었지만, (A)오늘날 사람들은 대체로 과학을 즉각적인 경제 성장이나 산업 경쟁력과 연결된 실용적 가치로만 인식하는 경우가 많다.
>
> 과학적 성과로 인한 경제 성장이나 편의는 그리 쉽게 드러나지 않는다. 과학적 발견은 종종 우연하게 이루어지고, 그 의미와 효용은 뒤늦게 확인되곤 한다. 역사 속의 여러 사례가 이를 증명한다. 뢴트겐이 실험 중 우연히 발견한 X선은 의료 기술의 혁신과 원자 구조 규명으로 이어졌으며, 하버가 개발한 암모니아 합성법은 이후 식량 생산의 패러다임을 바꾸어 많은 기아의 위기를 해결하도록 했다.
>
> 이렇듯 과학의 역사는 예측할 수 없는 발견이 어떻게 인류의 삶을 바꿔왔는지를 보여준다. 과학은 당장의 필요를 해결하기 위해서가 아니라, 세상을 이해하려는 인간의 근원적 호기심에서 비롯된다. 지금은 실용성이 보이지 않는 연구일지라도 먼 훗날 문명의 전환점을 만들 수 있다. 꾸준히 축적된 지식은 언젠가 인류의 미래를 비추는 등불이 될 것이다.

14. 이 글의 내용과 일치하지 않는 것은?

① 과학의 발견은 예측 가능한 과정을 거쳐 인류 문명을 발전시켜 왔다.
② 과학의 본질적 목적은 실용성보다도 자연의 원리를 이해하는 데 있다.
③ 현대 사회는 과학을 주로 실용적 가치와 연결 짓는 경향이 있다.
④ 어떠한 연구나 발견이든 훗날 인류 발전에 이바지할 수 있다.

15. (A)의 예로 알맞지 않은 것은?

① 기업이 연구 성과를 평가할 때 상업화 가능성을 최우선 기준으로 삼는다.
② 대학에서 순수 학문보다 취업률이 높은 실용 학과를 우대하여 지원한다.
③ 과학자가 우주의 기원을 밝히는 장기 연구에 집중한다.
④ 언론이 과학 뉴스를 보도할 때 경제적 파급 효과를 강조한다.

16. 다음 글의 중심내용으로 가장 적절한 것은?

> 행랑채가 퇴락하여 지탱할 수 없게끔 된 것이 세 칸이었다. 나는 마지못하여 이를 모두 수리하였다. 그런데 그중의 두 칸은 앞서 장마에 비가 샌 지가 오래되었으나, 나는 그것을 알면서도 이럴까 저럴까 망설이다가 손을 대지 못했던 것이고, 나머지 한 칸은 비를 한 번 맞고 샜던 것이라 서둘러 기와를 갈았던 것이다. 이번에 수리하려고 본즉 비가 샌 지 오래된 것은 그 서까래, 추녀, 기둥, 들보가 모두 썩어서 못 쓰게 되었던 까닭으로 수리비가 엄청나게 들었고, 한 번밖에 비를 맞지 않았던 한 칸의 재목들은 완전하여 다시 쓸 수 있었던 까닭으로 그 비용이 많이 들지 않았다.
>
> 나는 이에 느낀 것이 있었다. 사람의 몸에 있어서도 마찬가지라는 사실을. 잘못을 알고서도 바로 고치지 않으면 곧 그 자신이 나쁘게 되는 것이 마치 나무가 썩어서 못 쓰게 되는 것과 같으며, 잘못을 알고 고치기를 꺼리지 않으면 해(害)를 받지 않고 다시 착한 사람이 될 수 있으니, 저 집의 재목처럼 말끔하게 다시 쓸 수 있는 것이다. 뿐만 아니라 나라의 정치도 이와 같다. 백성을 좀먹는 무리들을 내버려두었다가는 백성들이 도탄에 빠지고 나라가 위태롭게 된다. 그런 연후에 급히 바로 잡으려 하면 이미 썩어 버린 재목처럼 때는 늦은 것이다. 어찌삼가지 않겠는가.

① 모든 일에 기초를 튼튼히 해야 한다.
② 청렴한 인재 선발을 통해 정치를 개혁해야 한다.
③ 잘못을 알게 되면 바로 고쳐 나가는 자세가 중요하다.
④ 훌륭한 위정자가 되기 위해서는 매사 삼가는 태도를 지녀야 한다.

17. 다음 제시된 문장들을 논리적으로 가장 바르게 배열한 것을 고르시오.

(가) 가전체소설은 어떤 사물이나 동물을 의인화하여 그 일대기를 사전정체의 형식에 맞추어 허구적으로 입전한 소설이다.
(나) 또한 그 특징으로는 주인공이 의인화된 사물이기 때문에 그 가계와 행적을 사실에 가탁하기 위해 많은 고사를 이끌어 낸다는 점과 평결부에서 사관의 말을 통하여 강한 포폄의식(옳고 그름이나 선하고 악함을 판단하여 결정하는 의식)을 보여 줌으로써 사람들에게 감계를 주려고 한다는 점을 들 수 있다.
(다) 그리고 우리나라에서는 고려 중기 임춘의 「국순전」 이후에 흔하게 제작되었다.
(라) 이와 같은 가전은 중국 사마천의 「사기」 중 열전이 그 뿌리라 할 수 있으며 중국 한유의 「모영전」이 최초의 작품으로 알려져 있다.
(마) 이러한 소설류들은 허구된 주인공의 행적을 통해서 사람들에게 감계(지난 잘못을 거울로 삼아 다시는 잘못을 되풀이하지 아니하도록 하는 경계)를 주는 것이 목적이므로 매우 풍자적인 문학형식이다.

① (가) - (라) - (나) - (마) - (다)
② (다) - (라) - (마) - (나) - (가)
③ (가) - (마) - (나) - (라) - (다)
④ (다) - (나) - (마) - (라) - (가)

18. 다음 글의 주제문으로서 가장 적절한 것은?

표준화된 언어는 의사소통을 효과적으로 하기 위하여 의도적으로 선택해야 할 공용어로서의 가치가 있다. 반면에 방언은 지역이나 계층의 언어와 문화를 보존하고 드러냄으로써 국가 전체의 언어와 문화를 다양하게 발전시키는 토대로서의 가치가 있다. 이러한 의미에서 표준화된 언어와 방언은 상호 보완적인 관계에 있다. 표준화된 언어가 있기에 정확한 의사소통이 가능하며, 방언이 있기에 개인의 언어생활에서나 언어 예술 활동에서 자유롭고 창의적인 표현이 가능하다. 결국 우리는 표준화된 언어와 방언 둘 다의 가치를 인정해야 하며, 발화(發話) 상황(狀況)을 잘 고려해서 표준화된 언어와 방언을 잘 가려서 사용할 줄 아는 능력을 길러야 한다.

① 창의적인 예술 활동에서는 방언의 기능이 중요하다.
② 표준화된 언어와 방언에는 각각 독자적인 가치와 역할이 있다.
③ 정확한 의사소통을 위해서는 표준화된 언어가 꼭 필요하다.
④ 표준화된 언어와 방언을 구분할 줄 아는 능력을 길러야 한다.

19. 제시된 숫자의 배열을 보고 규칙을 적용하여 빈칸에 들어갈 알맞은 숫자를 고르면?

3, 5, 9, 17, 33, ( ), 129

① 49
② 55
③ 65
④ 69

20. 다음 전개도를 접었을 때 두 점 사이의 거리가 가장 먼 것을 고르시오.

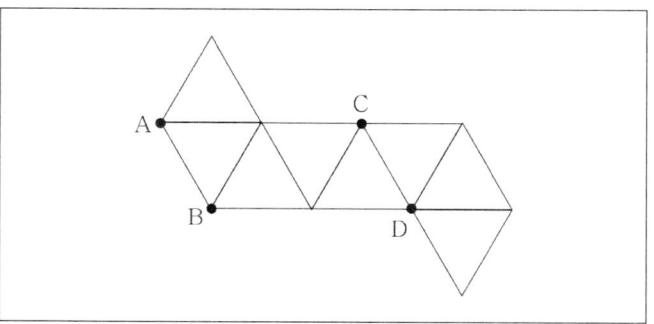

① AB
② AD
③ BC
④ BD

21. 다음 제시된 〈보기〉의 블록이 도형 A, B, C를 조합하여 만들어질 때, 도형 C에 해당하는 것을 고르면?

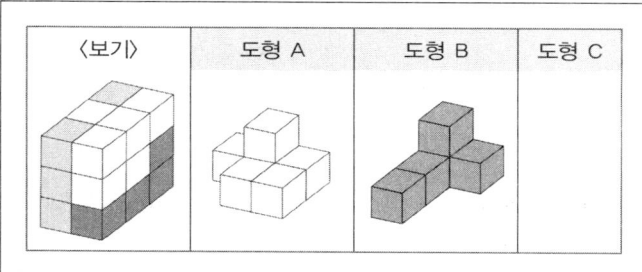

①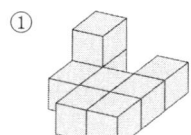
②
③
④

22. 다음 제시된 전개도로 만들 수 있는 주사위로 적절한 것을 고르면?

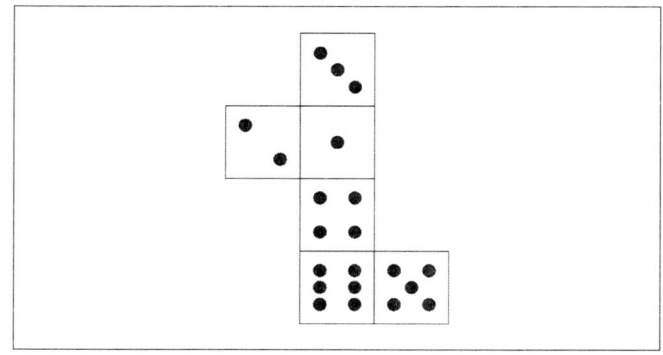

①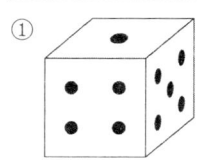
②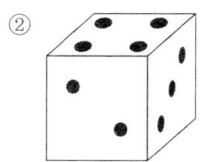
③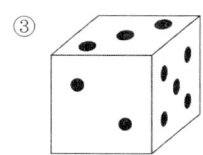
④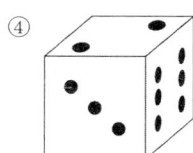

23. 다음 전개도를 접었을 때 나타나는 정육면체의 모양이 아닌 것은?

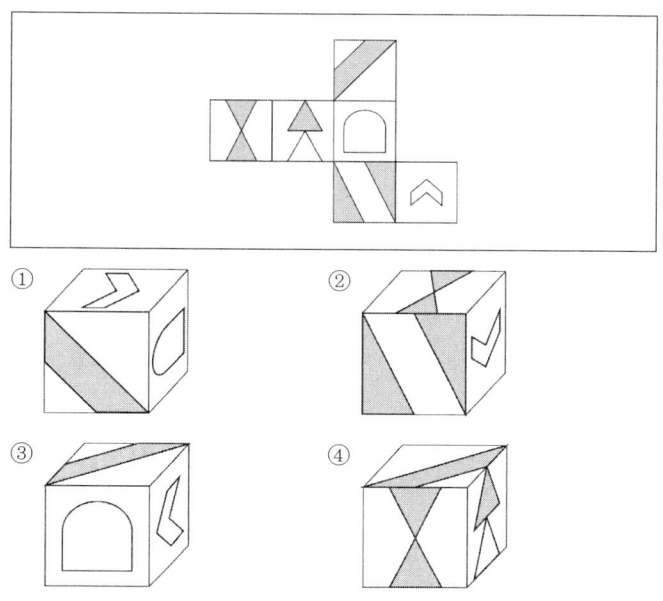

24. 다음과 같이 화살표 방향으로 종이를 접어 가위로 잘라낸 뒤 펼친 모양에 해당하는 것은?

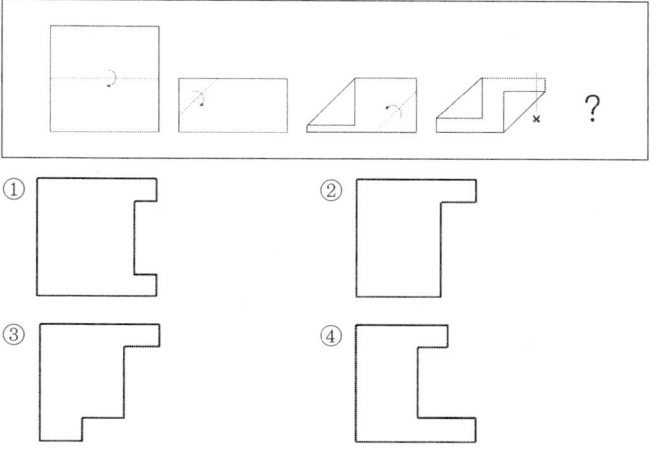

25. 종이를 다음과 같이 접었다가 폈을 때 접은 자국을 따라 나올 수 있는 삼각형의 수는 몇 개인가?

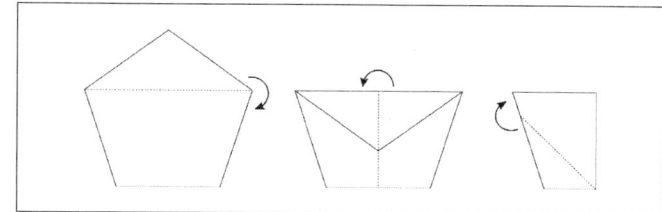

① 3개
② 4개
③ 5개
④ 6개

26. 다음과 같이 화살표 방향으로 종이를 접었을 때 앞면 또는 뒷면의 모양으로 가능한 것은?

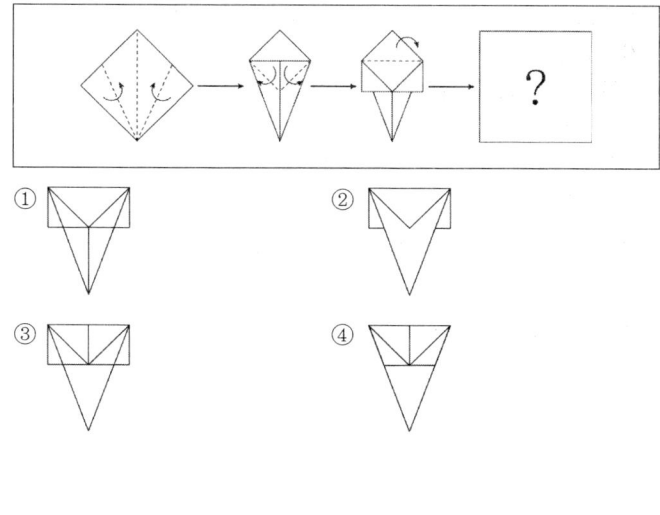

27. 다음 중 제시된 도형과 같은 도형은?

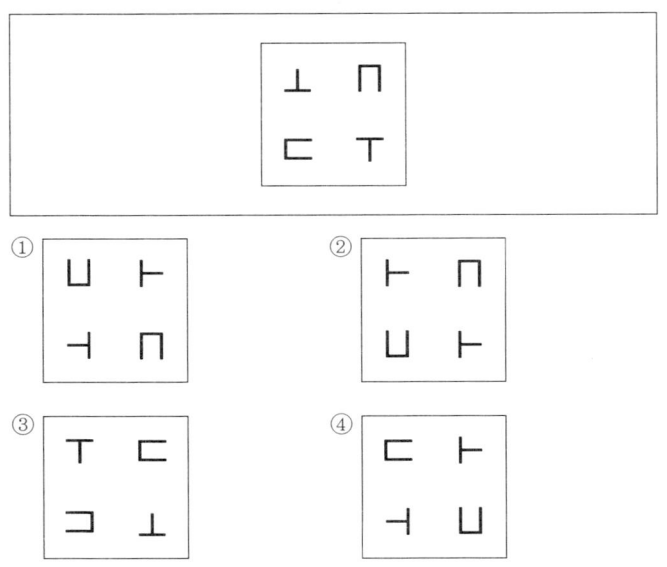

28. 주어진 결론을 반드시 참으로 하는 전제는?

전제1 : 인기 있는 선수는 안타를 많이 친 타자이다.
전제2 : _____
결론 : 인기 있는 선수는 팀에 공헌도가 높다.

① 팀에 공헌도가 높지 않은 선수는 안타를 많이 치지 못한 타자이다.
② 인기 없는 선수는 팀에 공헌도가 높지 않다.
③ 안타를 많이 친 타자도 인기가 없을 수 있다.
④ 안타를 많이 친 타자는 인기 있는 선수이다.

29. A학교의 국어과, 수학과, 체육과, 영어과에는 이 선생, 최 선생, 정 선생, 강 선생이 근무한다. 다음 조건을 참고할 때, 최 선생의 과로 옳은 것은? (네 사람은 각각 1명씩 네 개 교과의 선생님이다.)

- 이 선생는 체육과와 영어과 중 하나의 교과 담당이다.
- 최 선생는 수학과가 아니다.
- 정 선생와 강 선생는 국어과와 체육과가 아니다.

① 국어과
② 수학과
③ 영어과
④ 체육과

30. 다음에 제시된 전제에 따라 결론을 바르게 추론한 것은?

- 대한이는 15살이다.
- 대한이는 4년 터울의 남동생이 3명 있다.
- 사랑이는 11살이다.
- 사랑이는 3년 터울의 여동생이 2명 있다.
- 그러므로 _____

① 사랑이는 대한이의 막내동생보다 나이가 3배 많다.
② 사랑이의 막내동생이 가장 나이가 어리다.
③ 대한이의 둘째동생은 사랑이의 첫째동생보다 나이가 많다.
④ 사랑이와 대한이의 첫째동생은 동갑이다.

31. 다음을 바탕으로 갑의 집과 방문한 식당의 위치를 바르게 짝지은 것은?

- 갑, 을, 병은 각각 1동, 2동, 3동 중 한 곳에 집이 있다.
- 세 명은 3개 동 중 한 곳에 있는 식당에 갔으며 집의 위치와 겹치지 않는다.
- 을은 병이 갔던 식당이 있는 동에 집이 있다.
- 병은 3동에 살고 있으며, 갑과 을은 2동이 있는 식당에 가지 않았다.

① 1동, 3동
② 2동, 3동
③ 1동, 2동
④ 3동, 2동

32. 정수, 기정, 상우, 유진이는 주기적으로 세미나에 참석한다. 다음의 조건을 참고할 때, 4월 세미나에 참석한 사람은?

- 네 명 중에 최소 한 사람은 세미나에 참석한다.
- 정수와 기정이는 세미나에 참석과 불참을 같이한다.
- 3월 세미나에서 상우는 기정이를 만났다.
- 4월 세미나에 상우와 정수 둘 다 불참했다.

① 유진
② 정수
③ 기정
④ 유진, 상우

|33~34| 다음의 내용이 모두 참일 때, 항상 참인 것을 고르시오.

33.

- 강수 확률이 80% 이상이면 야구 경기가 취소된다.
- 야구 경기가 취소되면 甲은 영화를 보러 간다.
- 甲은 반드시 윤아와 함께 영화를 본다.
- 甲은 어제 영화를 봤다.

① 윤아는 어제 영화를 봤다.
② 어제 일기예보의 강수 확률은 40%이하이다.
③ 오늘은 야구 경기가 취소되지 않는다.
④ 甲은 오늘은 영화를 보지 않는다.

34.

- 비타민이 풍부한 과일을 먹으면 면역력이 좋아진다.
- 면역력이 좋아지면 감기에 걸리지 않는다.
- 귤은 비타민이 풍부한 과일이다.

① 면역력이 약해지면 감기에 걸린다.
② 귤을 먹으면 감기에 걸리지 않는다.
③ 오렌지도 비타민이 풍부한 과일이다.
④ 과일을 먹어도 감기에 걸린다.

35. 주어진 글을 읽고 바르게 서술된 것을 고르면?

> 왼쪽 길은 마을로 가고, 오른쪽 길은 공동묘지로 가는 두 갈래로 나누어진 길 사이에 장승이 하나 있는데, 이 장승은 딱 두 가지 질문만 받으며 두 질문 중 하나는 진실로, 하나는 거짓으로 대답한다. 또한 장승이 언제 진실을 얘기할지 거짓을 얘기할지 알 수 없다. 마을로 가기 위해 찾아온 길을 모르는 한 나그네가 규칙을 다 들은 후에 장승에게 다음과 같이 질문했다. "너는 장승이니?" 장승이 처음 질문에 대답한 후에 나그네가 다음 질문을 했다. "오른쪽 길로 가면 마을이 나오니?" 이어진 장승의 대답 후에 나그네는 한쪽 길로 사라졌다.

① 나그네가 길을 찾을 수 있을지 없을지는 알 수 없다.
② 장승이 처음 질문에 "그렇다."라고 대답하면 나그네는 마을을 찾아갈 수 없다.
③ 장승이 처음 질문에 "아니다."라고 대답하면 나그네는 마을을 찾아갈 수 없다.
④ 장승이 처음 질문에 무엇이라 대답하든 나그네는 마을을 찾아갈 수 있다.

36. 다음 진술 중 한 진술은 거짓이고, 나머지 진술은 참이다. 단, 범인은 한 명일 때, 다음 중 반드시 거짓인 것은?

> • 영희가 범인이거나 순이가 범인이다.
> • 순이가 범인이거나 보미가 범인이다.
> • 영희가 범인이 아니거나 또는 보미가 범인이 아니다.

① 영희가 범인이다.
② 순이가 범인이다.
③ 보미가 범인이다.
④ 보미는 범인이 아니다.

|37~38| 다음에서 각 문제의 왼쪽에 표시된 기호, 문자, 숫자를 오른쪽에서 모두 찾아 개수를 세어보시오.

37.

| ㅅ | 내 차례에 못 올 사랑인 줄 알면서도 나 혼자는 꾸준히 생각하리라 |

① 1개 ② 2개
③ 3개 ④ 4개

38.

| h | Perhaps Jonas will, because the current receiver has told us that jonas already has this quality. |

① 4개 ② 5개
③ 6개 ④ 7개

|39~40| 각 문제의 왼쪽에 표시된 굵은 글씨(기호, 문자, 숫자)를 오른쪽에서 찾아 그 개수를 구하시오.

39.

| **3** | 57913549135421954354 8415763554 |

① 2개 ② 4개
③ 6개 ④ 8개

40.

| 9 | 1596704689546987231579143 |

① 2개 ② 3개
③ 4개 ④ 5개

41. 그림과 같이 크기와 질량이 같은 두 개의 쇠공을 각각 높이가 다른 경사면 위에서 동시에 굴렸다. 이 실험으로부터 알 수 있는 사실로 적절하지 않은 것은?

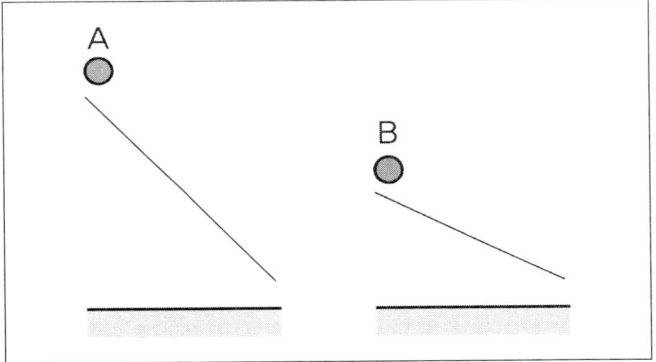

① A공은 더 높은 곳에서 출발하므로 바닥에 도달할 때 운동 에너지가 더 크다.
② 두 공은 중력 차이로 인해 바닥에 도달하는 시간이 각각 다르다.
③ A공이 더 큰 가속도를 받으므로 더 빨리 도착한다.
④ 두 공이 바닥에 도달할 때의 속력은 출발 높이에 따라 달라진다.

42. 화학 변화에 해당하는 것은?

① 설탕이 물에 녹는다.
② 종이가 타서 재가 된다.
③ 유리병이 떨어져 깨진다.
④ 물이 끓어 수증기가 된다.

43. 지구의 대기권은 높이에 따른 기온 변화를 기준으로 4개의 층으로 구분된다. 이 중 비나 눈과 같은 기상 현상과 대류 현상이 일어나는 곳은?

① 대류권
② 성층권
③ 중간권
④ 열권

44. 추운 겨울날 유리창에 성에가 생기는 현상에서 일어난 상태 변화는?

① 응고

② 액화

③ 승화

④ 융해

45. 잉크를 물에 넣어 확산되는 것을 관찰할 때 30℃의 물과 비교하여 잉크가 더 빠르게 확산되는 물의 온도는?

① 0℃

② 15℃

③ 25℃

④ 50℃

경상남도교육청 교육공무직원 기출동형 모의고사

서 원 각
www.goseowon.com

경상남도 교육청 교육공무직원

제4회 모의고사

성명		생년월일	
문제 수(배점)	45문항	풀이시간	/ 50분
영역	직무능력검사		
비고	객관식 4지선다형		

※ 유의사항 ※

- 문제지 및 답안지의 해당란에 문제유형, 성명, 응시번호를 정확히 기재하세요.
- 모든 기재 및 표기사항은 "컴퓨터용 흑색 수성 사인펜"만 사용합니다.
- 예비 마킹은 중복 답안으로 판독될 수 있습니다.

제4회 경상남도교육청 교육공무직원 모의고사

1. 다음 문장의 문맥상 ( ) 안에 들어갈 단어로 가장 적절한 것은?

> 미국이 양적완화를 실시하면, 달러화의 가치가 하락하고 우리나라의 달러 환율도 하락한다. 우리나라의 달러 환율이 하락하면 우리나라의 수출이 감소한다. 우리나라 경제는 대외 의존도가 높기 때문에 경제의 주요지표들이 (   )되기 위해서는 수출이 감소하면 안 된다.

① 개선 ② 개전
③ 개방 ④ 개정

2. 다음 문장에서 밑줄 친 부분의 의미가 가장 다른 것은?

① 굴 <u>속</u>에 모래가 많다.
② 바다 <u>속</u>에 물고기가 많다.
③ 신발 <u>속</u>에 모래가 들어갔다.
④ 군중 <u>속</u>에 파묻히다.

3. 다음 밑줄 친 단어 중 맞춤법이 틀린 것은?

> 가부장제는 역사 이전의 시기에서 오늘날에 이르기까지 모든 ㉠<u>사회체계</u>와 가족형태의 근간을 이루어 오고 있으며, 또한 여성의 지위와 ㉡<u>삶</u>을 결정짓는 데 가장 핵심적인 제도라고 할 수 있다. 그러나 가부장제의 이러한 보편성에도 불구하고 그것은 시대와 지역마다 그 성격을 달리해서 ㉢<u>존재</u>해 왔다. 특히 우리나라 사회사에서 가부장제는 매우 고유한 모습으로 나타나고 있다. 우리나라에서 가부장제의 발생과 변화사는 수렵·㉣<u>체취</u>시대, 초기 국가의 성립에서부터 조선 중기까지, 조선 후기부터 일제강점기 이전까지, 그리고 일제강점기부터 오늘날까지로 시기를 구분하여 살펴볼 수 있다.

① ㉠ ② ㉡
③ ㉢ ④ ㉣

4. 다음의 ㉠, ㉡에 들어갈 말로 적절한 것은?

> 우리에게 소중한 인간관계를 유지하는 데 필요한 정서적 요인 중 하나가 '정'이다. 정은 혼자 있을 때나 고립되어 있을 때는 우러날 수 없다. 항상 어떤 '관계'가 있어야만 생겨나는 감정이다. 그래서 정은 (㉠) 반응의 산물이다. 관계에서 우러나는 것이긴 하지만 그 관계의 시간적 지속과 밀접한 연관이 있다. 예컨대 순간적이거나 잠깐 동안의 관계에서는 정이 우러나지 않는다. 첫눈에 반한다는 말처럼 사랑은 순간에도 촉발되지만 정은 그렇지 않다. 많은 시간을 함께 보내야만 우러난다. 비록 그 관계가 굳이 사람이 아닌 짐승이나 나무, 산천일지라도 지속적인 관계가 유지되면 정이 생긴다. 정의 발생 빈도나 농도는 관계의 지속 시간과 (㉡)한다.

① 상대적, 비례 ② 절대적, 일치
③ 객관적, 반비례 ④ 주관적, 불일치

5. 다음 제시된 단어가 같은 관계를 이루도록 ( ) 안에 알맞은 단어를 고르면?

( ) : 방음벽 = 총알 : 방탄복

① 물 ② 칼
③ 소리 ④ 새

6. 다음 설명에 해당하는 단어는?

고기나 생선, 채소 따위를 양념하여 국물이 거의 없게 바짝 끓이다.

① 달이다 ② 줄이다
③ 조리다 ④ 졸이다

7. 다음 중 단어의 발음이 옳지 않은 것은?
① 오후까지 이 밭을[바츨] 다 갈아야 한다.
② 아직도 협의[혀비]할 문제가 남아있다.
③ 오늘은 하늘이 참 맑다[막따].
④ 머리말을[머리마를] 잘 읽어보세요.

8. 다음 중 가장 자연스러운 문장은?
① 회의가 내일로 연기되어졌다.
② 참석자의 과반수 이상이 그 안건에 찬성하였다.
③ 봄의 마곡사는 이름난 절경을 이룬다.
④ 그는 손이 거칠어 일처리가 느렸다.

9. 다음 중 띄어쓰기가 옳지 않은 것은?
① 그 아이는 아픈척을 한다.
② 비가 내릴 듯하다.
③ 홍수에 떠내려가 버렸다.
④ 이 동물은 고래입니다.

10. 다음 자료를 활용한 글을 쓰기 위해 구상한 내용으로 적절하지 않은 것은?

최근 교육기관이 실시한 조사에 따르면, 청소년의 자기주도 학습 능력은 단순한 공부 시간보다 학습 계획 수립과 실천 여부에 더 큰 영향을 받는 것으로 나타났다. 하루 평균 학습 시간이 비슷하더라도 스스로 계획을 세우고 점검할 수 있는 학생들은 그렇지 않은 학생들보다 학습 성취도와 과제 수행 만족도가 높게 나타났다.
또한 학생들이 학습 과정에서 가장 어려움을 느끼는 요소로는 시간 관리와 집중 유지를 꼽았다. 특히 스마트폰 알림 등의 외부 자극이 많은 환경에서는 집중력을 유지하기가 쉽지 않다고 언급한다. 전문가들은 스스로 학습 상황을 판단하고 조정하는 능력이 장기적인 학습 태도 형성과 성취에 중요한 역할을 한다고 강조한다.

① 주제 : 청소년의 자기주도 학습 능력 향상 방안
② 예상 독자 : 공부에 어려움을 겪는 청소년과 그의 학부모
③ 결론 : 성취도를 높이기 위해서는 우선 충분한 학습 시간을 확보하는 것이 중요하다
④ 추가 자료 : 효과적인 학습 계획 수립 방법과 시간 관리 기법에 관한 연구 결과

11. 다음 글의 서술 방식에 대한 설명으로 옳지 않은 것은?

> 글로벌 광고란 특정 국가의 제품이나 서비스의 광고주가 자국 외의 외국에 거주하는 소비자들을 대상으로 하는 광고를 말한다. 브랜드의 국적이 갈수록 무의미해지고 문화권에 따라 차이가 나는 상황에서, 소비자의 문화적 차이는 글로벌 소비자 행동에 막대한 영향을 미친다고 할 수 있다. 또한 점차 지구촌 시대가 열리면서 글로벌 광고의 중요성은 더 커지고 있다. 비교문화연구자 드 무이는 "글로벌한 제품은 있을 수 있지만 완벽히 글로벌한 인간은 있을 수 없다"고 말하기도 했다. 오랫동안 글로벌 광고 전문가들은 광고에서 감성 소구 방법이 이성 소구에 비해 세계인에게 보편적으로 받아들여진다고 생각해 왔지만 특정 문화권의 감정을 다른 문화권에 적용하면 동일한 효과를 얻기 어렵다는 사실이 속속 밝혀지고 있다. 일찍이 홉스테드는 문화권에 따른 문화적 가치관의 다섯 가지 차원을 제시했는데 권력 거리, 개인주의-집단주의, 남성성-여성성, 불확실성의 회피, 장기지향성이 그것이다. 그리고 이 다섯 가지 차원은 국가 간 비교 문화의 맥락에서 글로벌 광고 전략을 전개할 때 반드시 고려해야 하는 기본 전제가 된다.
> 그렇다면 글로벌 광고의 표현 기법에는 어떤 것들이 있을까? 글로벌 광고의 보편적 표현 기법은 크게 공개 기법, 진열 기법, 연상전이 기법, 수업 기법, 드라마 기법, 오락 기법, 상상 기법, 특수효과 기법 등 여덟 가지로 나눌 수 있다.

① 용어의 정의를 통해 논지에 대한 독자의 이해를 돕고 있다.
② 기존의 주장을 반박하는 방식으로 논지를 펼치고 있다.
③ 의문문을 사용함으로써 독자들로 하여금 호기심을 유발시키고 있다.
④ 전문가의 말을 인용함으로써 글의 신뢰성을 높이고 있다.

12. 제시된 논지의 다음에 이어질 내용으로 적절하지 않은 것은?

> 우리는 사회의 구성원으로서 각자의 자리에서 책임을 다해야 한다.

> ㉠ 책임은 조직 운영의 핵심 요소로, 협력 구조에서 한 사람의 태도가 전체 과정에 큰 영향을 미친다.
> ㉡ 책임을 다하기 위해서는 무엇보다 개인의 개성이 조직 전체보다 우선시되어야 한다는 주장도 있다.
> ㉢ 여러 사람이 함께 결과물을 만들어내는 환경에서는 특히 구성원 간의 신뢰와 개인의 역할 수행이 무엇보다 중요하다.
> ㉣ 사회 곳곳에서는 개인의 무책임한 행동으로 공동체가 위험에 처하는 사례가 반복되고 있다. 구성원의 판단과 결정이 조직 전체에 큰 결과를 초래할 수 있다는 점에서 더욱 책임감을 가져야 한다.

① ㉠
② ㉡
③ ㉢
④ ㉣

13. 다음 글을 읽고 독자의 반응으로 적절한 것은?

제15조
① 청약은 상대방에게 도달한 때에 효력이 발생한다.
② 청약은 철회될 수 없는 것이더라도, 철회의 의사표시가 청약의 도달 전 또는 그와 동시에 상대방에게 도달하는 경우에는 철회될 수 있다.
제16조 청약은 계약이 체결되기까지는 철회될 수 있지만, 상대방이 승낙의 통지를 발송하기 전에 철회의 의사표시가 상대방에게 도달되어야 한다. 다만 승낙기간의 지정 또는 그 밖의 방법으로 청약이 철회될 수 없음이 청약에 표시되어 있는 경우에는 청약은 철회될 수 없다.
제17조
① 청약에 대한 동의를 표시하는 상대방의 진술 또는 그 밖의 행위는 승낙이 된다. 침묵이나 부작위는 그 자체만으로 승낙이 되지 않는다.
② 청약에 대한 승낙은 동의의 의사표시가 청약자에게 도달하는 시점에 효력이 발생한다. 청약자가 지정한 기간 내에 동의의 의사표시가 도달하지 않으면 승낙의 효력이 발생하지 않는다.
제18조 계약은 청약에 대한 승낙의 효력이 발생한 시점에 성립된다.
제19조 청약, 승낙, 그 밖의 의사표시는 상대방에게 구두로 통고된 때 또는 그 밖의 방법으로 상대방 본인, 상대방의 영업소나 우편주소에 전달된 때, 상대방이 영업소나 우편 주소를 가지지 아니한 경우에는 그의 상거소(常居所)에 전달된 때에 상대방에게 도달된다.

① 민우 : 계약은 청약에 대한 승낙의 효력이 발생할 때 성립되는구나.
② 정범 : 청약에 대한 부작위는 그 자체만으로 승낙이 될 수 있어.
③ 우수 : 청약자가 지정한 기간 내에 동의의 의사표시가 도달하지 않으면 승낙의 효력은 발생해.
④ 인성 : 청약은 계약이 체결되기까지는 철회될 수 없어.

14. 다음 중 〈보기〉가 들어갈 곳으로 적절한 것은?

〈보기〉
소멸시효 완성 여부는 여러 요소가 복합적으로 작용하기 때문에 단순히 시효기간 경과만으로 채무자가 이를 인식했다고 볼 수 없다는 것이다. 또한 시효이익 포기는 법적 이익을 스스로 포기하는 중대한 의사표시로서 쉽게 추정될 수 없으며, 채무승인만으로 포기 의사를 인정하는 것은 오히려 일반적 경험에 반한다.

어느 채무자가 소멸시효가 완성된 사실을 알지 못한 채 이자를 변제하였고, 이후 배당표 경정을 구하는 소송을 제기하였다. ㉠ 하급심은 종전 대법원 판례에 따라 시효완성 후의 채무승인은 채무자가 시효완성 사실을 알고 그 이익을 포기한 것으로 추정된다고 보아 채무자의 주장을 받아들이지 않았다. ㉡ 그러나 대법원 전원합의체는 이러한 추정 법리가 경험칙에 반한다며 종전 판례를 변경하였다. ㉢ 더 나아가 종전 추정 법리는 채무자에게 불리한 지위를 부과하고, 일부 금융기관이 소멸시효가 완성된 채무에 대한 변제를 유도하는 수단으로 악용될 위험도 있다. ㉣ 이에 따라 전원합의체는 시효완성 후의 채무승인만으로 시효이익 포기를 추정할 수 없다고 보아 채무자의 권리를 더욱 두텁게 보호하는 새로운 법리를 확립하였다.

① ㉠　　　　　　　　② ㉡
③ ㉢　　　　　　　　④ ㉣

15. 다음 내용을 순서에 맞게 배열한 것은?

(가) 이러한 과정은 고된 노동을 요구하지만, 동시에 자연의 변화를 가장 가까이에서 느낄 수 있어 농사일에서만 비롯되는 특별한 보람을 준다.
(나) 오늘날 다양한 기계와 기술이 농업 현장에 활용되고 있지만 결국 농사의 기본은 자연과 인간의 조화로운 협력이다. 땅을 이해하고 계절을 읽는 감각은 여전히 농부에게 가장 중요한 능력이 되어야 한다.
(다) 농사는 오랜 세월 인간의 생존을 지탱해 온 생산 활동이다. 작물이 자라기 위해서는 토양의 상태, 햇빛의 양, 물의 공급 등이 균형을 이루어야 하며, 농부는 이러한 자연 조건을 세심하게 관찰하며 적절한 시기에 작업을 진행해야 한다.
(라) 특히 토양의 성질은 농사의 성패를 결정하는 요소로, 비료의 양뿐 아니라 땅의 배수 상태와 통기성까지 고려해야 한다.
(마) 하지만 농사는 단순히 자연조건에 맡겨 두는 활동이 아니다. 작물의 성장 단계에 따라 잡초를 제거하거나 병해충을 예방하는 등의 꾸준한 관리 또한 필요하다.

① (가) → (나) → (다) → (라) → (마)
② (나) → (다) → (라) → (마) → (가)
③ (다) → (라) → (마) → (가) → (나)
④ (다) → (나) → (마) → (가) → (라)

16. 다음 글을 읽고 알 수 있는 내용이 아닌 것은?

고대 국가의 성립 과정에서 중요한 요소 중 하나는 지배 권력의 정당성 확보였다. 초기 왕권은 종교적 권위를 바탕으로 신성성을 강조하며 공동체를 통합하려 했다. 이러한 권위는 왕이 제사권을 독점하거나 특정 신화를 통해 왕실의 기원을 신격화하는 방식으로 형성되었다. 그러나 시간이 흘러 사회가 체계화되고 인구가 증가하자 이러한 종교적 정당성만으로는 권위를 유지하고 국가 기반을 다지기가 어려워졌다.
이에 따라 고대 국가들은 점차 행정 체계와 법 제도를 정비하며 통치 기반을 확대하였다. 특히 토지 제도는 국가 운영의 핵심으로, 국가가 토지를 재분배하거나 소유권을 인정하는 방식에 따라 사회 구조가 크게 달라졌다.
이후 중세에 이르러서 왕권은 지방 세력과의 세력 싸움 끝에 다시 새로운 성격을 띠게 된다. 지방 귀족들은 군사력과 경제력을 바탕으로 자치를 추구했고, 왕은 이들과의 협력 또는 경쟁을 통해 중앙 권력을 강화하려 했다. 일부 지역에서는 왕권이 귀족을 제압하고 강력한 중앙집권 체제를 구축했지만, 다른 지역에서는 귀족과의 타협을 통해 정치적 균형을 이루는 방향으로 발전했다.

① 고대 왕권은 신앙을 바탕으로 정치적 정당성을 확보했다.
② 토지 제도는 국가의 행정과 사회 구조에 큰 영향을 미친 요소이다.
③ 사회가 체계화되면 종교와 신앙적 권위만으로는 국가 통치가 어려워진다.
④ 중세에 들어서면서 왕권은 각 지방 귀족 세력과의 다툼 끝에 완전한 분산 체제로 균형을 이루었다.

17. 다음 글의 제목으로 가장 적절한 것은?

명화를 선정하는 일은 결코 단순하지 않다. 작품의 가치를 판단하는 기준이 개인마다 다르고, 전문가와 일반 대중의 평가가 엇갈리는 경우도 많기 때문이다. 그러나 좋은 작품을 가려내기 위해 보편적으로 적용되는 기준이 있다. 먼저 많은 이에게 공감과 감동을 줄 수 있는 보편성이 필요하다. 오랜 시간 동안 대중에게 사랑받는 작품일수록 이러한 보편성을 지니는 경우가 많다. 그리고 시간이 흘러도 작품의 가치가 유지되어야 한다. 한 시대의 유행에 머무르지 않고 세월을 견뎌낸 작품이 명화로 인정받는다. 마지막으로 작품은 미술사적 의미를 지닐 때 더욱 높은 평가를 받는다. 특정 시대나 사조를 대표하거나 이후 미술의 흐름에 영향을 준 작품은 미술사적 가치를 가진다. 이처럼 보편성, 지속성, 미술사적 의미는 시대를 넘어 명화를 판단하는 핵심 기준이 된다.

① 대중성과 전문가의 평가가 엇갈리는 명화
② 명화를 바라보는 다양한 취향
③ 명화를 판단하는 보편적 기준
④ 세월을 이겨낸 작품이 사랑받는 이유

18. 다음 글을 읽고 얻을 수 있는 결론은?

어느 마을에 오래된 두 개의 우물이 있었다. 큰 우물은 가까이에 있어 편리했지만 사람들이 많이 오가는 탓에 물이 자주 흐려졌고, 작은 우물은 산길에 있어 찾는 이가 거의 없었기에 언제나 맑고 시원한 물이 고여 있었다.
어느 날 한 나그네가 마을에 들렀다. 마을 사람들은 그를 큰 우물로 안내했지만, 그는 먼 산길을 올라 작은 우물에서만 물을 마시고 돌아왔다. 마을 사람들이 이를 의아해하자 나그네는 말없이 두 우물의 물을 떠다 사람들에게 건넸다. 큰 우물의 물은 뿌옇고 흙냄새가 났으나 작은 우물의 물은 청명하기 그지없었다. 그제야 사람들은 작은 우물이 가진 진정한 가치를 깨달을 수 있었다.

① 눈앞의 편리함만을 좇다 보면 더 중요한 가치를 놓칠 수 있다.
② 시간과 노력을 들여야만 좋은 결과를 얻을 수 있다.
③ 많은 사람이 사용하는 것일수록 더 좋은 것이다.
④ 사소한 차이는 눈에 잘 보이지 않아 의미가 없다..

19. 다음 그림과 같이 쌓기 위해 필요한 블록의 수는?

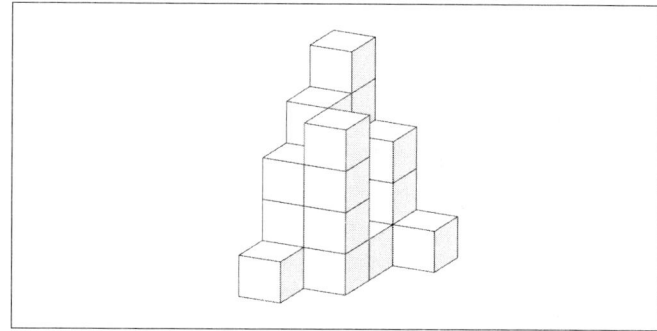

① 20
② 21
③ 22
④ 23

20. 다음 도형에서 찾을 수 있는 최대 사각형의 수는? (단, 정·직사각형만 고려한다)

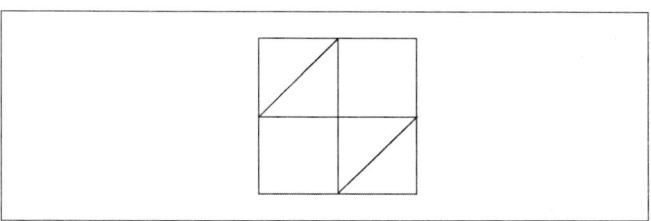

① 7개
② 8개
③ 9개
④ 10개

21. 다음 두 블록을 합쳤을 때 나올 수 없는 형태는?

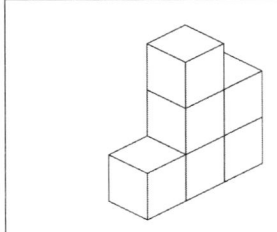 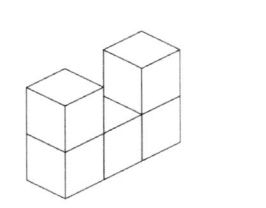

①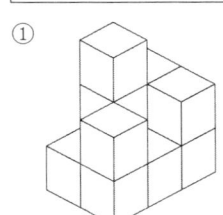

②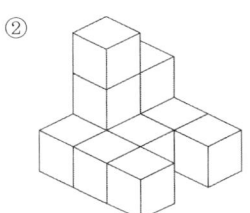

③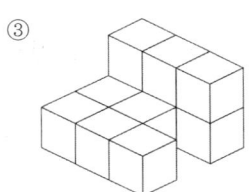

④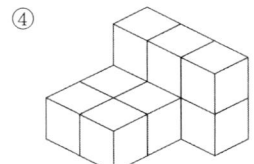

22. 다음 전개도를 접었을 때 나타나는 입체도형의 모양으로 알맞은 것은?

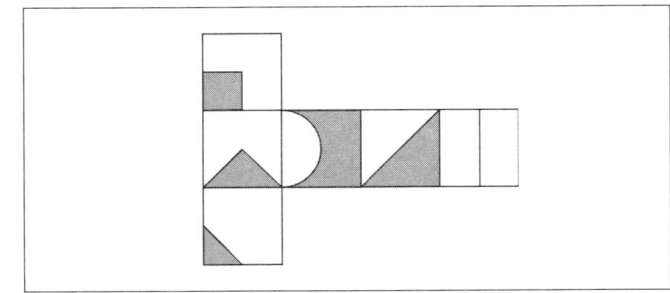

①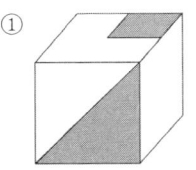

②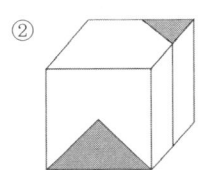

③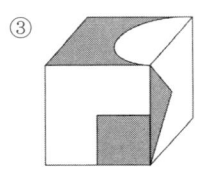

④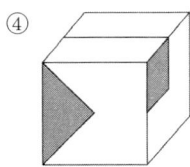

23. 다음 입체도형의 전개도로 알맞은 것은?

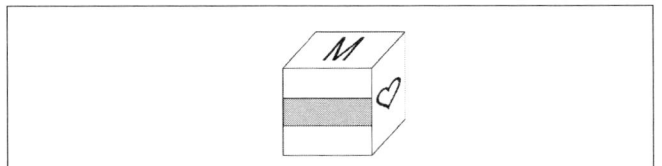

①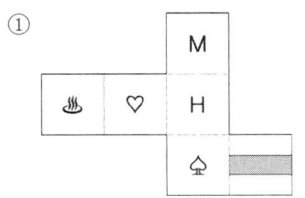

②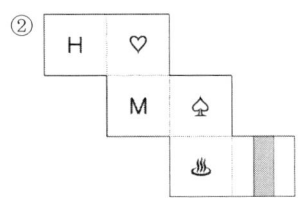

③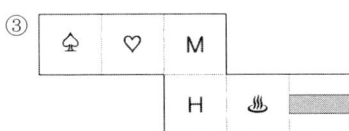

④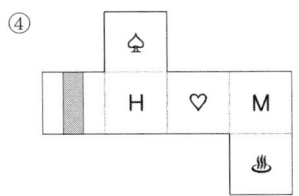

24. 다음 제시된 블록들을 화살표 표시한 방향에서 바라봤을 때의 모양으로 알맞은 것은?

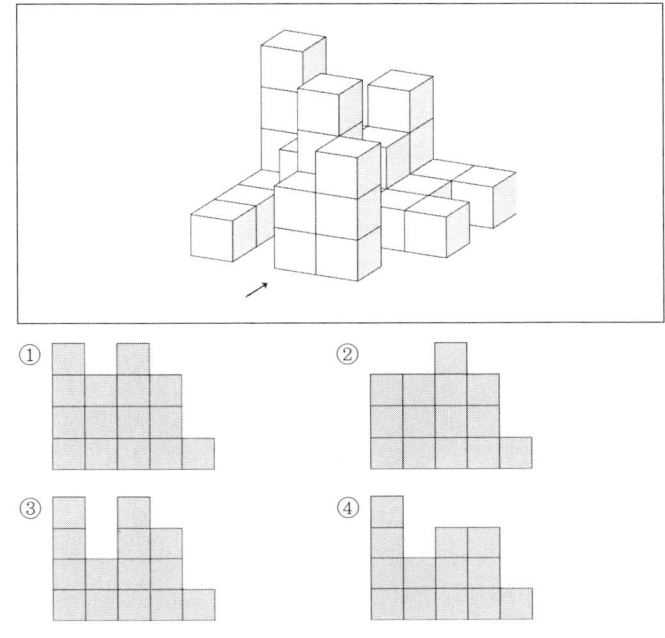

25. 제시된 도형을 화살표 방향으로 접은 후 구멍을 뚫고 다시 펼쳤을 때의 그림은?

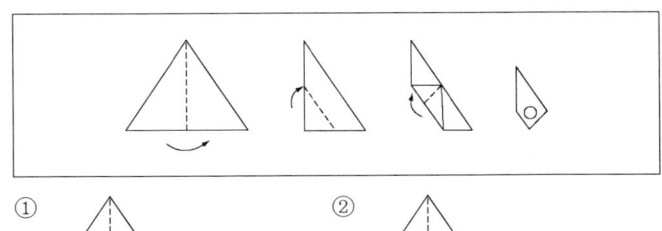

①

②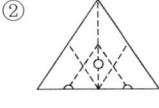

③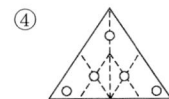

26. 다음 제시된 도형을 축을 중심으로 회전시켰을 때 나타나는 회전체의 모양으로 옳은 것은?

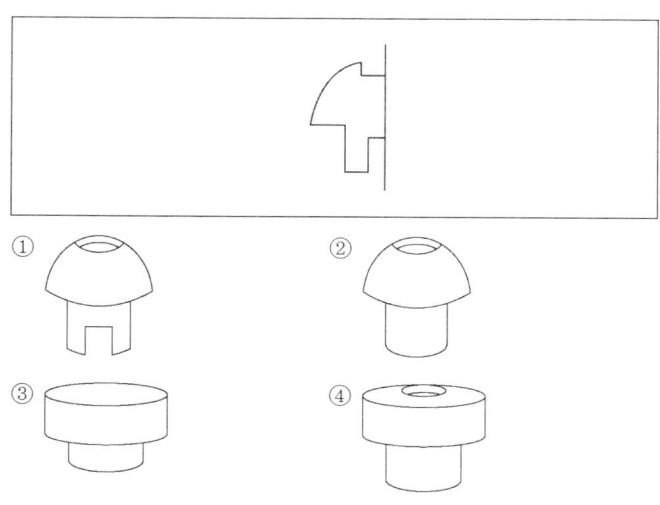

27. 다음 제시된 그림을 위로 뒤집고 오른쪽으로 뒤집은 후 시계 방향으로 270° 회전한 그림은?

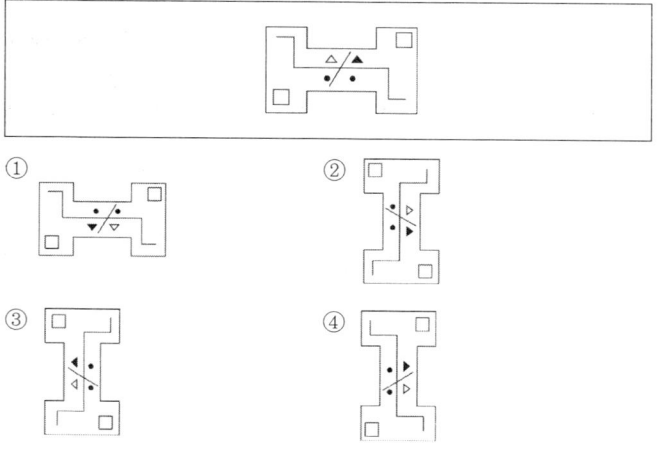

28. 다음 〈조건〉을 통해 a, b에 대해 바르게 설명한 것은?

a. 목걸이가 없는 사람은 팔찌도 없다.
b. 귀걸이가 없는 사람은 항상 팔찌는 있고, 반지는 없다.

〈조건〉
㉠ 목걸이가 있는 사람은 팔찌도 있다.
㉡ 팔찌가 없는 사람은 귀걸이가 있다.
㉢ 귀걸이가 없는 사람은 반지가 없다.

① a만 항상 옳다.
② b만 항상 옳다.
③ a와 b 모두 옳다.
④ a와 b 모두 그르다.

29. 다음 중 거짓말을 하고 있는 사람은?

철수 : 어제 나는 낮에 도서관에서 공부를 했어요.
준수 : 어제 나는 종일 집에 있다가 밤에 영희와 도서관 앞에서 만났어요.
순이 : 어제 나는 도서관에서 철수와 공부를 하고 먼저 나오는 길에 준수를 봤어요.
영희 : 어제 나는 저녁에 철수와 영화를 보고 밤에 준수를 만났어요.

① 철수
② 준수
③ 순이
④ 영희

30. 다음 주어진 조건이 모두 참일 때 항상 옳은 것은?

- 비가 오면 우산을 챙긴다.
- 눈이 오면 도서관에 간다.
- 내일 강수 확률은 40%이다.
- 기온이 영하이면 눈이 오고, 영상이면 비가 온다.
- 내일 기온이 영하일 확률은 80%이다.

① 내일 우산을 챙길 확률은 8%이다.
② 내일 우산을 챙길 확률은 12%이다.
③ 내일 우산을 챙길 확률은 20%이다.
④ 내일 도서관에 갈 확률은 70%이다.

31. 다음 주어진 조건이 모두 참일 때 옳지 않은 것은?

- 어떤 회사 내의 나란히 위치한 6개의 주차구역 1~6에 A, B, C, D, E, F 6명이 각각 한대의 차를 주차하려고 한다.
- 화물차가 주차 가능한 구역은 3곳이다.
- A, B, F는 화물차이고, B는 가장 폭이 넓은 차이다.
- E는 최고 임원이어서 화물차 옆에는 주차하지 않는다.
- 3번 주차구역은 폭이 좁아서 3번 주차구역을 포함한 양 옆은 화물차와 폭이 넓은 차도 주차할 수 없다.
- B와 C는 같은 부서에 소속되어 있어서 이웃한 주차구역에 주차를 해야 한다.
- B는 양 끝의 주차구역에 주차하지 않는다.

① E의 양 옆에는 C나 D가 주차한다.
② C는 화물차가 주차할 수 없는 구역에 주차한다.
③ D는 A와는 이웃한 구역에 주차할 수 있지만 F와는 이웃하게 주차하지 않는다.
④ B와 이웃하게 주차할 수 있는 사람은 C를 제외하면 A와 F밖에 없다.

32. 다음 (가)와 (나)의 상황에서 도둑은 각각 누구인가?

(가) 도둑 용의자인 A, B, C가 수사과정에서 다음과 같은 진술을 하였다. 그런데 나중에 세 명 중 두 명의 말은 거짓이었고 도둑은 한 명이라는 것이 밝혀졌다.
- A : 저는 도둑이 아닙니다.
- B : C는 확실히 도둑질을 하지 않았습니다.
- C : 제가 바로 도둑입니다.

(나) 도둑 용의자인 甲, 乙, 丙이 수사과정에서 다음과 같은 진술을 하였다. 그런데 나중에 도둑은 한 명이고 그 도둑은 거짓말을 했다는 것이 밝혀졌다.
- 甲 : 저는 결코 도둑이 아닙니다.
- 乙 : 甲의 말은 참말입니다.
- 丙 : 제가 바로 도둑입니다.

① (가) - A, (나) - 甲
② (가) - A, (나) - 乙
③ (가) - B, (나) - 丙
④ (가) - B, (나) - 甲

33. A, B, C, D, E, F가 투숙을 하려는 2층 호텔은 각 층마다 1호부터 4호까지, 즉 101호부터 204호까지 방이 있다. 각 호실에는 한 사람만이 투숙할 수 있다고 할 때, 다음 중 항상 참인 것은?

201호	202호	203호	204호
101호	102호	103호	104호

- F의 옆방 중 최소한 하나는 비어 있다.
- B가 투숙한 바로 옆 오른쪽 방에는 D가 투숙했다.
- A는 203호에 투숙한다.
- C와 E는 바로 옆방이 아니다.
- C와 E는 1층에 투숙한다.
- B의 바로 옆방에는 E가 투숙한다.

① C가 투숙한 방은 101호이다.
② B가 투숙한 방은 102호이다.
③ F가 투숙한 방은 201호이다.
④ D가 투숙한 방은 104호이다.

34. 다음 조건이 참이라고 할 때, 반드시 참인 것은?

- 나이가 같은 사람은 없다.
- C의 나이는 D의 나이보다 적다.
- F의 나이는 G의 나이보다 적다.
- C와 F의 나이 순위는 바로 인접해 있다.
- B의 나이가 가장 많고, E의 나이가 가장 적다.
- C의 나이는 A와 F의 나이를 합친 것보다 많다.

① D는 두 번째로 나이가 많다.
② G는 A보다 나이가 적다.
③ C는 G보다 나이가 많다.
④ A는 F보다 나이가 적다.

35. 서원중학교 1학년 1반 학생들은 조회시간에 일렬로 서있다. 다음 명제를 보고 옳은 것을 고르면?

- 민기 앞에 한 명이 있다.
- 주성이 뒤에 한 명 이상이 있다.
- 동욱이는 용택이 앞이다.
- 대호는 앞에서 첫 번째 혹은 네 번째에 있다.
- 용택이는 가장 마지막이다.

① 민기는 앞에서 네 번째이다.
② 용택이 앞에는 세 명이 있다.
③ 대호는 앞에서 두 번째이다.
④ 주성이의 위치는 중간이다.

36. A의원, B의원, C의원이 있다. 이 중에 한 명만 얼마 전 청와대로부터 입각을 제의 받았다고 한다. 이것을 안 언론이 이들과 인터뷰를 통해서 누가 입각을 제의받았는지 알아내고자 한다. 의원들은 대답을 해주었지만, 이들이 한 말이 거짓인지 진실인지는 알 수 없다. 다음을 참고로 입각을 받는 사람과 그 사람의 말이 참말인지 거짓말인지를 고르면?

- A의원 : 나는 입각을 제의 받았다.
- B의원 : 나도 입각을 제의 받았다.
- C의원 : 우리들 가운데 많아야 한 명만이 참말을 했다.

① A – 참말
② B – 참말
③ B – 거짓말
④ C – 참말

37. 좌우를 비교할 때 배열과 문자가 틀린 것은 몇 개인가?

| 노비쵸노크키슬로보스크 | 노비초노크키솔로브스키 |

① 1개 ② 2개
③ 3개 ④ 4개

38. 다음 짝지어진 문자 중에서 서로 다른 것은?

① fjsdfopjorp – fjsdfopjorp
② 54896315 – 54896315
③ 소수득별준 – 소수특별준
④ 웬걸왠지웽왱 – 웬걸왠지웽왱

| 39~40 | 다음 제시된 문자가 반복되는 개수를 고르시오.

긴장	긴자	국자	간장	국장	권자	권좌
계장	개전	개정	국자	간자	건장	건전
걱정	국장	계장	권자	건장	개정	간장
긴자	개전	간자	권좌	국자	건전	건강
건장	걱정	간장	긴장	계장	개장	건장
건전	국장	개정	개전	권좌	긴자	국기
간자	국자	긴장	걱정	개전	국기	국위

39.

국기

① 1개
② 2개
③ 3개
④ 4개

40.

간자

① 1개
② 2개
③ 3개
④ 4개

41. 소화 효소의 특성 중 다음의 설명과 관계 깊은 것은?

- 음식을 먹은 후 배를 차갑게 하고 자면 배탈이 날 수 있다.
- 효모를 넣은 밀가루 반죽을 냉장고에 보관한 것보다는 따뜻하게 보관할 때 반죽이 더 많이 부풀어 오른다.

① 최적 pH가 있다.
② 최적 온도가 있다.
③ 기질 특이성이 있다.
④ 호르몬 유도 작용이 있다.

42. 전기를 절약하는 방법으로 옳은 것만을 모두 고른 것은?

㉠ 백열전구를 형광등으로 교체한다.
㉡ 냉장고의 문을 여닫는 횟수를 줄인다.
㉢ 사용하지 않는 전기 기구의 플러그를 뽑아 둔다.

① ㉠, ㉡
② ㉠, ㉢
③ ㉡, ㉢
④ ㉠, ㉡, ㉢

43. 그림과 같이 마찰이 없는 수평면 위에서 한 물체에 두 힘이 반대 방향으로 작용할 때, 두 힘의 합력의 크기는?

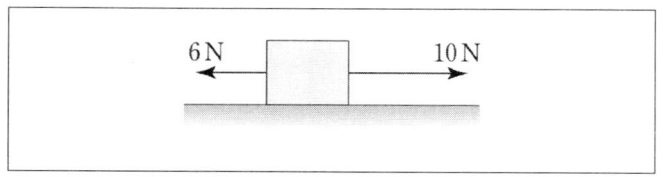

① 4N ② 6N
③ 10N ④ 16N

44. 유리컵에 뜨거운 물을 넣었더니 컵의 안쪽에는 수증기가 뿌옇게 맺혔고, 컵의 바깥에는 작은 물방울이 생겼다. 해당 현상에 대한 설명으로 적절한 것은?

① 컵 안쪽의 수증기는 증발로 인해 발생한 것이다.
② 컵의 안쪽과 바깥쪽에 각각 상반된 현상이 일어나서 생긴 현상이다.
③ 컵 바깥면의 물방울은 공기 중 수증기가 응결하여 생긴 것이다.
④ 뜨거운 물의 열이 유리를 통과하면서, 내부 수분이 밖으로 스며나온 결과이다.

45. 딱딱한 버터를 뜨거운 프라이팬에 넣었을 때 일어나는 물질의 상태 변화는?

① 응고 ② 융해
③ 승화 ④ 액화

경상남도교육청 교육공무직원 기출통형 모의고사

성명

직무능력검사

1	① ② ③ ④	21	① ② ③ ④	41	① ② ③ ④
2	① ② ③ ④	22	① ② ③ ④	42	① ② ③ ④
3	① ② ③ ④	23	① ② ③ ④	43	① ② ③ ④
4	① ② ③ ④	24	① ② ③ ④	44	① ② ③ ④
5	① ② ③ ④	25	① ② ③ ④	45	① ② ③ ④
6	① ② ③ ④	26	① ② ③ ④		
7	① ② ③ ④	27	① ② ③ ④		
8	① ② ③ ④	28	① ② ③ ④		
9	① ② ③ ④	29	① ② ③ ④		
10	① ② ③ ④	30	① ② ③ ④		
11	① ② ③ ④	31	① ② ③ ④		
12	① ② ③ ④	32	① ② ③ ④		
13	① ② ③ ④	33	① ② ③ ④		
14	① ② ③ ④	34	① ② ③ ④		
15	① ② ③ ④	35	① ② ③ ④		
16	① ② ③ ④	36	① ② ③ ④		
17	① ② ③ ④	37	① ② ③ ④		
18	① ② ③ ④	38	① ② ③ ④		
19	① ② ③ ④	39	① ② ③ ④		
20	① ② ③ ④	40	① ② ③ ④		

수험번호

⓪	①	②	③	④	⑤	⑥	⑦	⑧	⑨
⓪	①	②	③	④	⑤	⑥	⑦	⑧	⑨
⓪	①	②	③	④	⑤	⑥	⑦	⑧	⑨
⓪	①	②	③	④	⑤	⑥	⑦	⑧	⑨
⓪	①	②	③	④	⑤	⑥	⑦	⑧	⑨
⓪	①	②	③	④	⑤	⑥	⑦	⑧	⑨
⓪	①	②	③	④	⑤	⑥	⑦	⑧	⑨
⓪	①	②	③	④	⑤	⑥	⑦	⑧	⑨

서 원 각
www.goseowon.com

경상남도 교육청 교육공무직원

제5회 모의고사

성명		생년월일	
문제 수(배점)	45문항	풀이시간	/ 50분
영역	직무능력검사		
비고	객관식 4지선다형		

✱ 유의사항 ✱

- 문제지 및 답안지의 해당란에 문제유형, 성명, 응시번호를 정확히 기재하세요.
- 모든 기재 및 표기사항은 "컴퓨터용 흑색 수성 사인펜"만 사용합니다.
- 예비 마킹은 중복 답안으로 판독될 수 있습니다.

제5회 경상남도교육청 교육공무직원 모의고사

1. 다음의 문장의 문맥상 ( ) 안에 들어갈 단어로 가장 적절한 것은?

> 다양한 의미와 유형을 내포했던 1930년대의 '탐정'과 탐정소설은 현재로 오면서 오히려 그 범위가 협소해진 것으로 보인다. '탐정'이라는 용어는 서술어적 의미가 사라지고 인물의 의미로 ( )되어 사용되었으며, 탐정소설은 감정적 혹은 육감적 사건 전개나 기괴한 이야기가 지니는 환상적인 매력이 사라지고 논리적 추론 과정에 초점이 맞추어지는 서구의 고전적 탐정소설 유형만이 남게 되었다.

① 국한 ② 확대
③ 촉진 ④ 이완

2. 다음 밑줄 친 말과 그 쓰임이 유사한 것은?

> 운동을 하는 근육은 계속해서 에너지를 생성하기 위해 산소를 요구한다. 혈액 도핑은 혈액의 산소 운반능력을 증가시키기 위해 고안된 기술이다. 자기 혈액을 이용한 혈액도핑은 운동선수로부터 혈액을 <u>뽑아</u> 혈장은 선수에게 다시 주입하고 적혈구는 냉장 보관하다가 시합 1~7일 전에 주입하는 방법이다.

① 꽃밭에서 잡초를 <u>뽑고</u> 돌아오면 온 몸에서 꽃향기가 났다.
② 노름판에서 본전이라도 <u>뽑고</u> 나갔다는 사람은 보지 못했다.
③ 타이어에 바람을 조금 <u>뽑아내자</u> 시승감이 훨씬 좋아졌다.
④ 기계에서 가래떡이 시원하게 <u>뽑아져</u> 나왔다.

3. 다음 글의 빈칸에 들어갈 말로 알맞게 짝지어진 것은?

> 곤충에도 뇌가 있다. 뇌에서 명령을 받아 다리나 날개를 움직이고, 음식물을 찾거나 적에게서 도망친다. ( ), 인간의 뇌에 비하면 그다지 발달되어 있다고는 말할 수 없다. ( ), 인간은 더욱 더 복잡한 일을 생각하거나, 기억하거나, 마음을 움직이게 하거나 하기 때문이다.

① 왜냐하면, 게다가   ② 하지만, 왜냐하면
③ 그렇지만, 아니면   ④ 또, 그런데

4. 다음 글의 인물을 가리키는 말로 가장 적절한 것은?

> 목멱산 아래 멍청한 사람이 있었는데, 어눌하여 말을 잘하지 못하고 성품은 게으르고 졸렬한데다, 시무도 알지 못하고 바둑이나 장기는 더더욱 알지 못하였다. 남들이 이를 욕해도 따지지 않았고, 이를 기려도 뽐내지 않았으며, 오로지 책 보는 것만 즐거움으로 여겨 춥거나 덥거나 주리거나 병들거나 전연 알지 못하였다.

① 백치   ② 옹고집
③ 백면서생 ④ 딸깍발이

5. 다음 제시된 단어가 같은 관계를 이루도록 ( ) 안에 알맞은 단어를 고르면?

> 가결(可決) : 부결(否決) = 유동(遊動) : ( )

① 부당(不當)   ② 고정(固定)
③ 가역(可逆)   ④ 유입(流入)

6. 다음 중 우리말이 맞춤법에 따라 올바르게 사용된 것은?

① 허위적허위적   ② 괴퍅하다
③ 미류나무   ④ 케케묵다

7. 다음에 제시된 단어와 의미가 유사한 단어는?

> 효시(嚆矢)

① 천연(天然)   ② 연원(淵源)
③ 미시(微視)   ④ 효용(效用)

8. 다음 중 띄어쓰기가 옳지 않은 것은?

① <u>사과는 커녕</u> 오히려 화를 내다니.
② <u>아빠뿐만 아니라</u> 엄마도 그래.
③ 버스가 끊겨 <u>걸어갈 수밖에</u> 없었다.
④ 그 친구는 말로만 <u>큰소리친다</u>.

9. 다음 중 의미가 중의적으로 해석되지 않는 문장은 어느 것인가?

① 친구는 아침에 사과와 감 두 개를 주었다.
② 그 그림은 선배님이 그린 그림이다.
③ 남자친구는 나보다 축구를 더 좋아하는 것 같다.
④ 나는 웃으면서 들어오는 엄마에게 인사한다.

10. 다음 중 밑줄 친 부분의 쓰임이 적절한 것은?

> 산골 마을에 자리한 한 민속박물관은 최근 방문객이 눈에 ㉠<u>띠게</u> 늘었다. 평소 가파른 고개를 넘어 찾아오는 이가 드물었지만, 전통 생활상을 재현한 새로운 전시관이 사람들의 관심을 끌기 시작한 것이다. 박물관 측은 늘어난 방문객을 감당하기 위해 휴게 공간과 체험실을 ㉡<u>증편</u>하는 방안을 논의하고 있다.
> 전시관에서 가장 인기가 많은 공간은 겨울 농촌을 재현한 생활관이다. 벽난로 옆에서는 예전 농부들이 추위를 견디기 위해 장작을 ㉢<u>떼며</u> 잠시 쉬어가는 모습을 모형으로 만들어 두었고, 투박하지만 정겨운 생활 도구들이 곳곳에 배치되어 있다. 관람객들은 당시 사람들의 삶이 매우 검소하며, 때로는 다소 ㉣<u>가년스러워</u> 보이기까지 하다고 말한다.
> 박물관은 앞으로 이 공간을 중심으로 교육 프로그램을 개발하여 현대의 편리함 속에서 잊히기 쉬운 전통 삶의 지혜를 전달하고자 한다고 밝혔다. 이러한 노력은 단순히 옛 모습을 보여주는 데 그치지 않고, 과거의 생활 방식이 지닌 가치가 오늘을 살아가는 우리에게도 유효하다는 메시지를 전하려는 것이다.

① ㉠
② ㉡
③ ㉢
④ ㉣

11. 다음 중 (A)의 예로 적절한 것은?

> 오래전부터 작가들은 방대한 상상력과 거침없는 필력을 바탕으로 자신만의 세계를 구축해 왔다. (A)<u>특정 장면 하나에서 수많은 이야기가 뻗어나가고, 긴 호흡의 작품을 완성하는 힘은 많은 이들이 선망하는 능력이었다.</u> 또한 훌륭한 작품은 개인의 상상력만으로 만들어지지 않는다. 작가는 자신이 속한 시대의 문화, 역사, 철학 등의 영향을 자연스럽게 흡수하며, 이를 바탕으로 독자와 소통할 수 있는 언어를 구성한다. 따라서 동일한 사건을 다루더라도 표현 방식과 해석이 달라지고 작가마다 서로 다른 세계관이 형성된다. 결국 진정한 창작의 가치는 기술적 능력보다 세계를 바라보는 태도와 상상력에서 비롯되는 것이다.

① 현실 자료의 나열에 그치고 서사적 상상력이 거의 개입되지 않은 보고서식 글쓰기
② 어떤 역사적 사실을 충실히 재현하되 작가의 해석이나 상상은 최소화한 다큐멘터리식 서술
③ 일상 한 부분의 단편적 감정을 즉흥적으로 포착하여 기록한 수필집
④ 한 장의 그림에서 영감받아 등장인물의 과거와 미래, 그 시대상까지 펼쳐낸 장편소설

12. 다음 글에 이어질 내용으로 적절한 것은?

> 도시에서의 삶은 편리함을 제공하지만, 그만큼 고립감을 느끼는 사람도 적지 않다. 바쁘게 움직이는 사람들 사이에서 관계는 쉽게 단절되고, 대화는 필요로만 이루어지는 경우가 많다. 특히 최근 들어서는 디지털 도구의 발달로 즉각적인 소통이 가능해졌지만 정작 깊이 있는 관계를 맺는 빈도는 훨씬 줄어들었다고 말한다. 화면을 통해 사람들과 끊임없이 연결된 듯 보이지만, 그 속에서 자신만의 외로움이 더 짙어졌다는 이들이 많다.
> 이러한 현상은 관계의 부재에서만 오는 것이 아니다. 도시의 구조 또한 사람을 고립시키는 요인으로 지적된다. 개인 생활공간은 점점 작아지는데 커뮤니티를 형성할 수 있는 공적 공간 또한 줄어들고만 있다. 많은 건물이 효율성을 기준으로 설계되면서 사람끼리 자연스럽게 머물고 이야기를 나눌 수 있는 장소도 감소했다. 동네 공원은 주차장이나 상업 시설로 바뀌고, 아파트 단지의 공용 공간은 통행로로만 기능하며, 골목길의 평상과 쉼터는 재개발과 함께 사라지고 있다. 그 결과 도시민들은 항상 서로를 스쳐 지나가면서도 마음을 열 기회는 점점 줄어들고 있는 것이다.

① 디지털 기술의 발달로 인한 정보 격차와 세대 간 소통의 어려움
② 도시 구조의 효율성을 높이기 위한 건축 설계의 최신 경향
③ 도시 개발이 가속화되면서 나타난 환경 오염 문제와 그 해결 방안
④ 도시의 고립감을 해소하기 위한 공동체 회복 노력과 개인의 실천 방안

13. 다음 중 보기의 문장이 들어갈 위치로 올바른 것은?

제31조 중앙선거관리위원회는 비례대표 국회의원 선거에서 유효투표 총수의 100분의 3 이상을 득표하였거나 지역구 국회의원 총선거에서 5석 이상의 의석을 차지한 각 정당에 대하여 당해 의석할당정당이 비례대표 국회의원 선거에서 얻은 득표비율에 따라 비례대표 국회의원 의석을 배분한다. (가)
제32조 정당이 다음 각 호의 어느 하나에 해당하는 때에는 당해 선거관리위원회는 그 등록을 취소한다. (나)
제33조
① 의원이 의장으로 당선된 때에는 당선된 다음날부터 그 직에 있는 동안은 당적을 가질 수 없다. 다만 국회의원 총선거에 있어서 공직선거법에 의한 정당추천 후보자로 추천을 받고자 하는 경우에는 의원 임기만료일 전 90일부터 당적을 가질 수 있다. (다)
② 제1항 본문의 규정에 의하여 당적을 이탈한 의장이 그 임기를 만료한 때에는 당적을 이탈할 당시의 소속 정당으로 복귀한다. (라)
제34조 비례대표 국회의원 또는 비례대표 지방의회의원이 소속 정당의 합당·해산 또는 제명 외의 사유로 당적을 이탈·변경하거나 2 이상의 당적을 가지고 있는 때에는 퇴직된다. 다만 비례대표 국회의원이 국회의장으로 당선되어 당적을 이탈한 경우에는 그러하지 아니하다.

〈보기〉
1. 최근 4년간 임기만료에 의한 국회의원 선거 또는 임기만료에 의한 지방자치단체의 장(長) 선거나 시·도의회 의원 선거에 참여하지 아니한 때
2. 임기만료에 의한 국회의원 선거에 참여하여 의석을 얻지 못하고 유효투표 총수의 100분의 2 이상을 득표하지 못한 때

① (가) ② (나)
③ (다) ④ (라)

14. 다음 내용을 순서에 맞게 배열한 것은?

사람이 아침에 일어났을 때 몸이 무겁고 정신이 또렷하지 않은 이유는 여러 생리적 변화와 관련이 있다.

㉠ 이후 빛을 인지하면 뇌는 서서히 각성 호르몬인 코르티솔 분비를 증가시키고, 동시에 멜라토닌 분비를 줄여 깨어날 준비를 한다.
㉡ 아침마다 느끼는 피로함은 단순한 기분 문제가 아니라 신체가 밤 동안의 생리적 상태에서 벗어나 정상 활동으로 전환되는 자연스러운 과정의 일부인 것이다.
㉢ 혈압이 안정되고 호흡 리듬이 일정해지면 비로소 뇌의 활동이 선명해지고 집중력이 회복된다.
㉣ 우리 몸은 밤사이 체온이 떨어지면서 휴식을 취하도록 조절되는데, 이 체온이 다시 상승하는 데에는 일정 시간이 필요하다. 체온이 낮게 유지되는 동안에는 근육의 활동성도 떨어지고, 신경계의 반응 속도 역시 둔해질 수밖에 없다.
㉤ 몸이 완전히 깨어나는 시점은 순식간에 오지 않는다. 이 두 호르몬의 균형이 바뀌는 과정에서 잠이 덜 깬 듯한 멍한 느낌이 나타나기 때문이다.

① ㉢-㉠-㉤-㉣-㉡
② ㉢-㉤-㉠-㉣-㉡
③ ㉣-㉠-㉤-㉢-㉡
④ ㉣-㉢-㉠-㉤-㉡

15. 다음 글의 주제를 뒷받침하는 내용으로 적절하지 않은 것은?

> 사람들은 현재의 생활환경을 더욱더 나은 환경으로 개선하기 위해 많은 노력을 한다. 아파트가 몰려 있는 지역에서는 부녀회 등을 만들어서 화단에 나무와 꽃을 심는 일, 탁아소를 운영하는 일 등 여러 가지 생활 문제를 협의한다. 그리고 사람들은 주차 공간을 확보하기 위해 서로 싸우기도 한다. 농어촌에서는 협동조합을 만들어 운영한다. 협동조합은 농산물이나 축산물, 수산물 등을 공동으로 내다 팔아 생산자가 손해를 입지 않도록 한다. 회사원들은 자신들의 근무조건을 개선하고 권리를 보호하기 위하여 노동조합을 만들어 문제점을 서로 토의하고 해결해 나가기도 한다.

① 농어촌에서는 협동조합을 만들어 운영한다.
② 사람들은 주차 공간을 확보하려고 서로 싸운다.
③ 아파트 부녀회에서 화단에 나무와 꽃을 심는다.
④ 회사원은 노동조합을 만들어 문제점을 토의한다.

16. 다음 글을 통해 알 수 있는 글쓴이의 식사 문화에 대한 관점으로 옳은 것은?

> 프랑스의 식사 문화는 표면적으로 '미식의 나라'라는 이미지와 함께 설명되지만, 그 이면에는 식사를 단순한 섭취 행위가 아니라 관계를 다지고 공동체를 유지하는 장으로 바라보는 사회적 가치가 내재해 있다.
> 프랑스인들은 대개 식사를 느긋하게 오래 하는 것으로 알려져 있으며, 직장에서의 점심시간도 예외가 아니다. 프랑스 직장인들이 점심시간에 최소 1시간 이상을 쓰는 관행은 단순한 효율성 부족의 문제가 아니다. 이는 업무와 삶의 균형을 중시하는 사회적 합의의 결과이기 때문이다. 이러한 관행은 19세기 산업화 시기부터 이어져 온 노동자들의 끊임없는 권리 보장 투쟁과 그 과정에서 여가와 휴식의 권리가 제도적으로 보장되기 시작한 데에 뿌리를 둔다.
> 프랑스의 여유로운 생활 방식 또한 사회 구성원의 삶의 질을 높이는 것이 궁극적으로 사회 전체의 행복과 생산성에 기여한다는 철학적 신념에 기반한다. 예를 들어, 가족이나 동료와 함께하는 식사 시간은 단순한 휴식을 넘어 사회적 유대를 강화하고 소속감을 확인하는 의례적 기능을 수행한다. 이러한 시간을 충분히 가짐으로써 개인은 공동체의 일원으로 정체성을 재확인하고 사회적 결속력을 다지는 기회를 얻는다.
> 결국 프랑스의 식사 문화는 충분한 식사 시간과 여유로운 생활 리듬으로, 효율성과 생산성보다 인간다운 삶의 질을 우선시하는 사회의 모습을 투영한다고 볼 수 있다. 우리는 이를 인간 중심적 가치를 실천하는 하나의 모델로서 참고하고 일상과 우선순위를 다시 성찰하는 계기로 삼을 만하다.

① 직장인의 긴 점심시간은 동료와의 유대보다 개인적인 시간을 중시한 결과이다.
② 식사 문화는 공동체 가치를 위해 생산성과 효율성을 기준으로 수립되는 것이 바람직하다.
③ 식사 문화는 인간 중심적인 공동체를 유지하는 사회적 기능을 할 수 있다.
④ 프랑스의 식사 문화는 현대 사회의 효율성 추구 경향과 조화를 이루기 어려워 시대에 뒤떨어진다.

17. 다음 제시된 글의 논지로 가장 적절한 것은?

사람들은 이미 지불한 비용을 아깝게 여기는 경향 때문에 비합리적인 선택을 하곤 한다. 예를 들어, 어떤 관객이 1만 5천 원을 주고 영화관에서 영화를 예매했다고 하자. 그런데 막상 영화를 보러 간 날에 몸이 좋지 않고 영화 자체도 별로 기대되지 않는다. 이 경우 실제로 그가 영화관에서 느낄 만족은 크지 않을 것이기에, 집으로 돌아가 휴식을 취하는 편이 더 큰 만족을 얻을 수 있다.

하지만 많은 사람들은 돈이 아깝다는 이유만으로 끝까지 자리를 지키며 영화를 본다. 이미 지불한 티켓 값은 어떤 행동을 하든 되돌릴 수 없으며 현재의 선택에 영향을 주어서는 안 되는 매몰비용임에도 불구하고 사람들은 이를 고려 대상에 포함한다. 이런 심리는 기대했던 만족이 사라졌음에도 지불한 비용만큼은 뽑아야 한다는 감정적 압박에서 비롯된다.

그러나 경제학적으로 보면, 중요한 것은 앞으로의 선택에서 얻을 수 있는 추가적인 이익과 비용, 즉 한계 편익과 한계 비용이다. 관객이 영화를 보며 얻을 만족이 휴식으로 얻을 만족보다 적다면, 이미 지불한 비용과 무관하게 영화 관람을 포기하는 것이 합리적이다. 그럼에도 많은 사람이 반복적으로 매몰비용의 함정에 빠지는 것은 과거의 지출을 현재의 판단 기준으로 삼는 비합리적 심리 때문이라고 할 수 있다.

① 이미 지불한 비용이 크다면 기대한 만큼의 만족을 얻지 못하더라도 끝까지 소비 활동을 지속하는 것이 바람직하다.
② 매몰비용은 감정적 판단이 개입되지 않는 한 합리적 소비 결정에 긍정적으로 작용할 수 있다.
③ 소비자가 지출한 비용을 회수하려는 심리는 자연스러운 것이다.
④ 경제학적으로 합리적 선택을 위해서는 매몰비용을 고려해서는 안 된다.

18. 다음 중 빈칸에 들어갈 내용으로 적절한 것은?

고전주의 미학의 핵심은 '보편성' 추구에 있다. 한 시대의 유행이나 특정 개인의 감정에 치우치지 않고, 시대와 장소가 달라도 누구나 공감할 수 있는 인간적, 도덕적 가치를 예술 속에 구현하려는 것이다. 예컨대, 고대 그리스 조각의 이상화된 신체 표현이나 르네상스 시대의 비례와 대칭의 원리는 개인적 개성보다 인간 존재 전체의 보편적 아름다움을 표현한다는 점에서 고전주의적 정신을 잘 보여준다.

그러나 18세기 후반부터 등장한 낭만주의는 이러한 보편성 추구에 근본적인 의문을 제기한다. 낭만주의자들은 (   ) 그들에게 진정한 예술은 보편적 규범을 따르는 것이 아니라, 예술가 개인의 내면에서 솟아나는 독특한 감정과 상상력을 자유롭게 표현하는 데 있었다. 예를 들어, 들라크루아의 격정적인 붓질이나 터너의 몽환적 풍경화는 질서와 균형보다 감정의 격렬함과 자연의 숭고함을 포착하려 했다는 점에서 고전주의와 대비된다.

흥미로운 점은 이 두 입장이 서로를 부정하면서도 동시에 예술의 공통된 본질적 긴장을 드러낸다는 것이다. 지나친 보편성 추구는 예술을 형식적이고 생기 없는 것으로 만들 위험이 있고, 지나친 개별성 강조는 예술을 타인과 소통 불가능한 사적 영역으로 고립시킬 수 있다. 결국 예술사는 이 두 극 사이에서 균형을 찾아가는 과정이었으며, 오늘날의 예술 또한 보편성과 개별성이라는 양극 사이에서 여전히 자신의 위치를 모색하고 있다.

① 감정의 자유로운 표현은 예술의 가치를 훼손할 수 있으므로 절제와 균형을 중시해야 한다고 주장했다.
② 예술가의 보편성은 개인적 특수성을 초월할 때 비로소 달성될 수 있다고 여겼기 때문이다.
③ 고전주의가 강조하는 보편적 이상이 실제로는 개인의 고유한 감정과 경험을 억압한다고 비판했다.
④ 예술 작품의 가치는 하나의 명확한 규칙에 따라 평가되어야 한다고 보았다.

19. 다음 그림은 여러 개의 정육면체 블록을 바닥에 쌓아 놓은 것이다. 비어 있는 부분을 채워서 하나의 정육면체로 만들려고 하면 모두 몇 개의 블록이 필요한가?

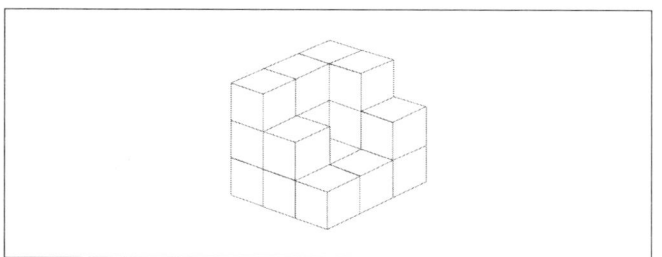

① 8개　　　　　② 9개
③ 10개　　　　 ④ 11개

20. 다음 그림과 같이 쌓기 위해 필요한 블록의 수는?

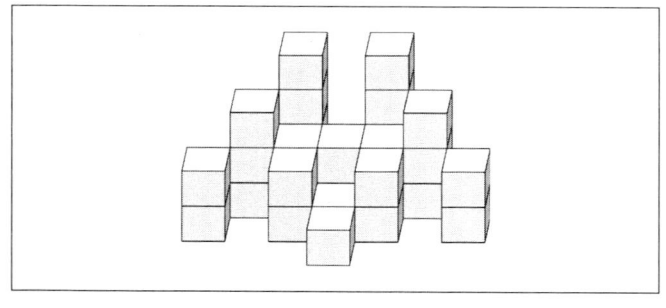

① 28　　　　　② 29
③ 30　　　　　④ 31

21. 다음 두 블록을 합쳤을 때 나올 수 없는 형태는?

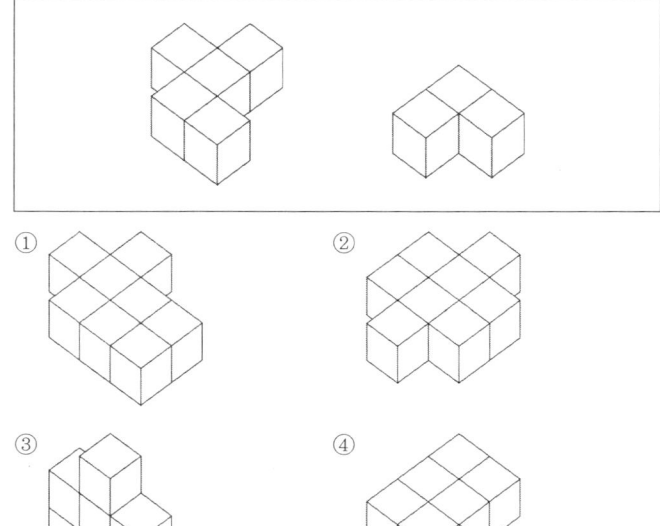

22. 다음 전개도를 접었을 때, 나타나는 입체도형의 모양으로 알맞은 것은?

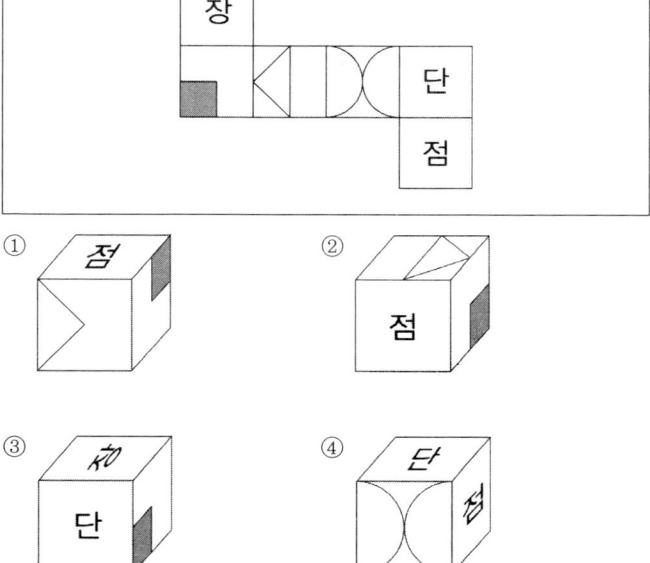

23. 다음 입체도형의 전개도로 알맞은 것은?

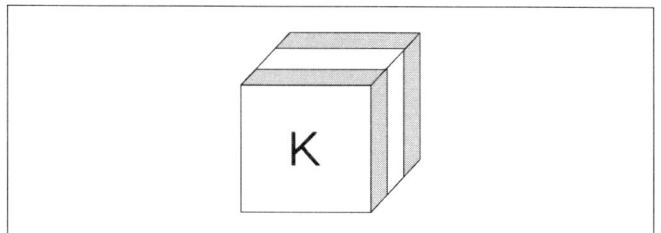

①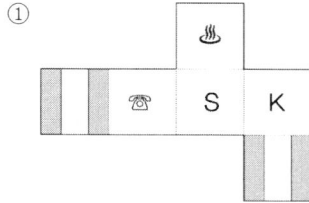

②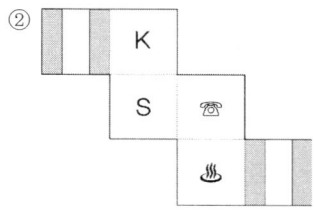

③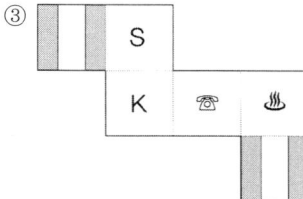

④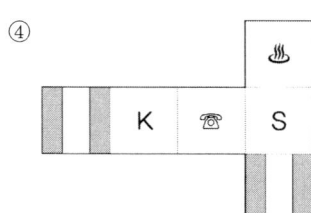

24. 다음 제시된 블록들을 화살표 표시한 방향에서 바라봤을 때의 모양으로 알맞은 것은?

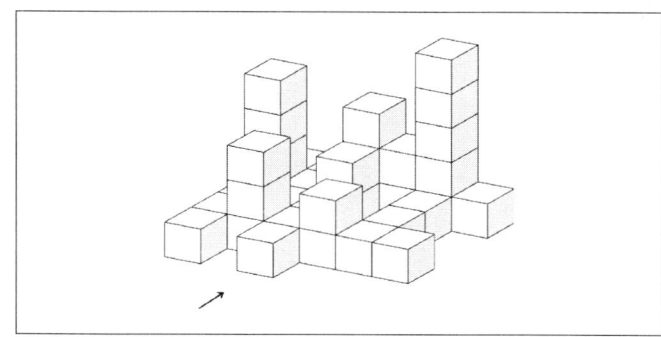

①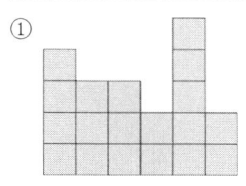

②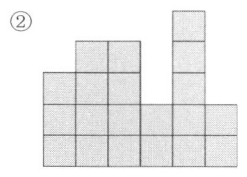

③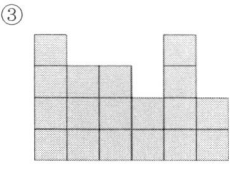

④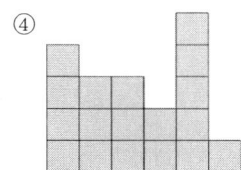

25. 제시된 도형을 화살표 방향으로 접은 후 구멍을 뚫은 다음 다시 펼쳤을 때의 그림은?

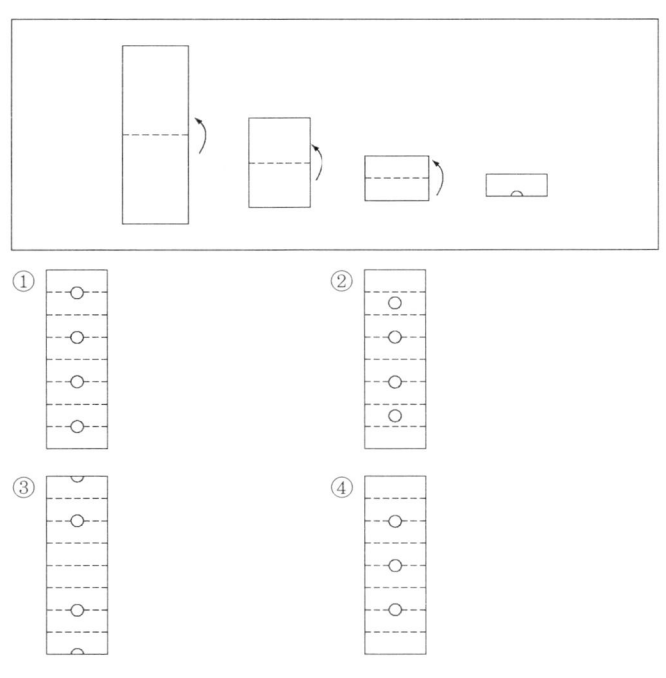

26. 다음 제시된 세 개의 단면을 참고하여 해당되는 입체도형을 고르면?

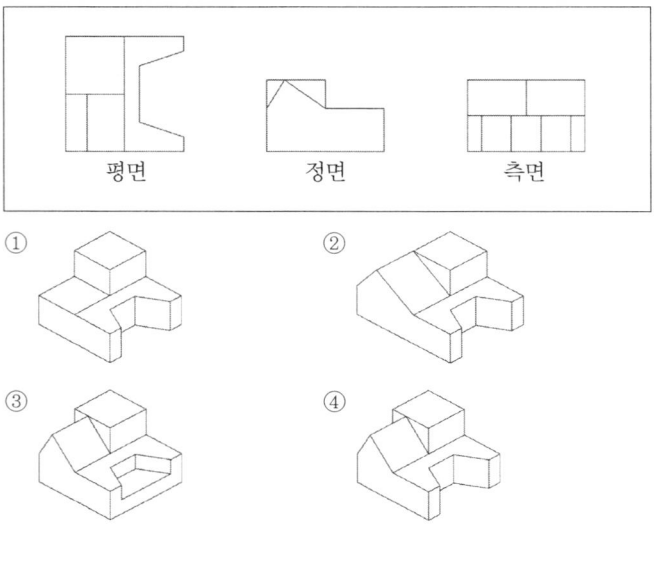

27. 다음 제시된 그림을 시계 반대 방향으로 90° 회전한 후 왼쪽으로 뒤집고 시계 방향으로 다시 180° 회전시켰을 때 나올 수 있는 그림은?

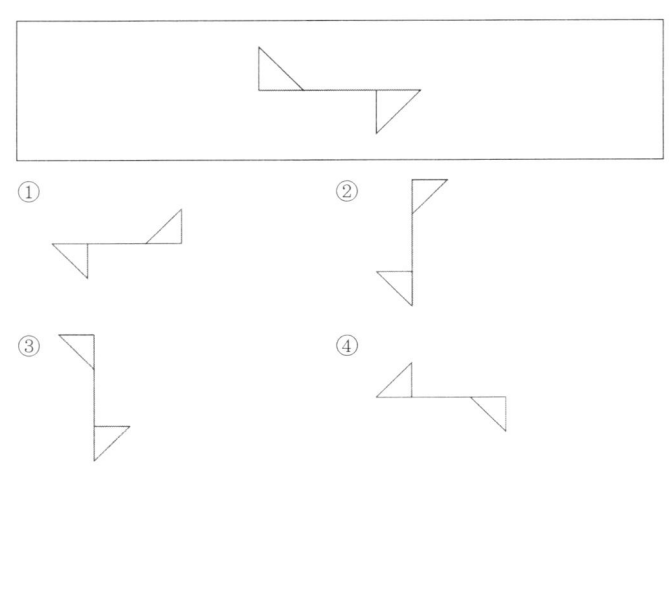

28. 수덕, 원태, 광수는 임의의 순서로 빨간색, 파란색, 노란색 지붕을 가진 집에 나란히 이웃하여 살고, 개, 고양이, 원숭이라는 서로 다른 애완동물을 기르며, 광부·농부·의사라는 서로 다른 직업을 갖는다. 알려진 정보가 다음과 같을 때, 옳은 것은?

- 광수는 광부이다.
- 가운데 집에 사는 사람은 개를 키우지 않는다.
- 농부와 의사의 집은 서로 이웃해 있지 않다.
- 노란 지붕 집은 의사의 집과 이웃해 있다.
- 파란 지붕 집에 사는 사람은 고양이를 키운다.
- 원태는 빨간 지붕 집에 산다.

① 수덕은 빨간 지붕 집에 살지 않고, 원태는 개를 키우지 않는다.
② 노란 지붕 집에 사는 사람은 원숭이를 키우지 않는다.
③ 원태는 고양이를 키운다.
④ 수덕은 개를 키우지 않는다.

29. S 씨는 자신의 재산을 운용하기 위해 자산 설계사 A~E를 만나 조언을 들었다. 그런데 이들은 주 투자처에 대해서 모두 조금씩 다른 추천을 해주었다. 해외펀드, 해외부동산, 펀드, 채권, 부동산이 그것들이다. 다음을 따를 때, A와 E가 추천한 항목은?

- S 씨는 A와 D와 펀드를 추천한 사람과 같이 식사를 한 적이 있다.
- 부동산을 추천한 사람은 A와 C를 개인적으로 알고 있다.
- 채권을 추천한 사람은 B와 C를 싫어한다.
- A와 E는 해외부동산을 추천한 사람과 같은 대학에 다녔었다.
- 해외펀드를 추천한 사람과 부동산을 추천한 사람은 B와 같이 한 회사에서 근무한 적이 있다.
- C와 D는 해외부동산을 추천한 사람과 펀드를 추천한 사람을 비난한 적이 있다.

① 펀드, 해외펀드
② 채권, 펀드
③ 부동산, 펀드
④ 채권, 부동산

30. 다음 주어진 조건이 모두 참일 때 항상 옳은 것은?

- A, B, C, D, E가 5층 건물의 각 층에 살고 있다.
- A와 B네 집 층수 차이는 B와 E네 집 층수 차이와 같다.
- C이는 D보다 2층 더 높은 집에 산다.

① D는 A 바로 아래층에 산다.
② A는 C보다 높은 층에 산다.
③ B는 D보다 높은 층에 산다.
④ D는 E 바로 아래층에 산다.

31. 다음 주어진 조건이 모두 참일 때 항상 옳은 것은?

- L사 사원 A, B, C, D, E, F 6명은 2020~2025년에 해마다 한 명씩 입사했다.
- A는 2022년에 입사했다.
- C는 E보다 3년 먼저 입사했다.
- B는 C, E보다 먼저 입사했다.

① F가 2024년에 입사했다면 D는 2025년에 입사했다.
② B가 2021년에 입사했다면 F는 2020년에 입사했다.
③ D는 2025년에 입사했다.
④ B는 2020년에 입사했다.

32. 한 자동차 판매소에서 직원 A, B, C, D 4명의 영업 실적을 영업 매출과 영업 이익으로 나누어 비교한 후 각각의 순위를 아래와 같이 발표하였다. 4명 중 영업 매출 순위가 가장 낮은 사람은 누구인가?

- A는 C보다 영업 매출 순위가 높다.
- B는 영업 이익 순위가 가장 낮지만 영업 매출 순위는 가장 높다.
- C는 영업 이익 순위와 영업 매출 순위가 같다.

① A
② B
③ C
④ D

33. 은규, 진석, 종혁이가 과녁맞추기 놀이를 하고 있다. 다음 대화를 읽고 각 아이들의 점수를 옳게 연결한 것은? (단, 셋은 한 마디씩 틀리게 말하고 있다)

> - 은규 : 180점이네. 진석이보다 40점이 적게 나왔구나. 종혁이보다는 그래도 20점 많이 나왔다.
> - 진석 : 다행히 가장 작은 점수는 아닌데 종혁이와는 무려 60점이나 차이난다. 종혁이는 240점이구나.
> - 종혁 : 은규보다 점수가 낮잖아. 은규는 200점인데. 진석이는 은규보다 60점이 더 나왔고.

① 은규 – 200점, 진석 – 240점, 종혁 – 180점
② 은규 – 180점, 진석 – 200점, 종혁 – 240점
③ 은규 – 200점, 진석 – 180점, 종혁 – 240점
④ 은규 – 240점, 진석 – 200점, 종혁 – 180점

34. 다음 조건에 따라 간식을 지급할 때, 옳은 것은?

> 〈조건〉
> ㉠ 팀원 '갑, 을, 병, 정'에게 순서대로 간식을 나누어주려고 한다.
> ㉡ '을'은 두 번째로 간식을 받는다.
> ㉢ 최소 2명은 '을'보다 늦게 간식을 받는다.
> ㉣ '병'은 정의 바로 앞에서 간식을 받는다.
> ㉤ '정'은 처음이나 마지막에 간식을 받을 수 있다.

① '갑'은 마지막으로 간식을 받는다.
② '병'은 세 번째로 간식을 받는다.
③ '을'은 첫 번째로 간식을 받는다.
④ '정'은 '갑'보다 늦게 간식을 받는다.

35. 다음 밑줄 친 부분에 들어갈 말로 가장 적절한 것은?

> - 피아노를 잘 치는 사람은 노래를 잘한다.
> - 권이는 _____
> - 그러므로 권이는 노래를 잘한다.

① 피아노를 못 친다.
② 운동을 좋아하지 않는다.
③ 피아노를 잘 친다.
④ 운동을 좋아한다.

36. A, B, C, D, E 5명이 다음과 같이 일렬로 서있다고 할 때, 다음 중 뒤에서 두 번째에 있는 사람은?

> - A는 B의 바로 앞에 서 있다.
> - A는 C보다 뒤에 있다.
> - E는 A보다 앞에 있다.
> - D와 E 사이에는 2명이 서 있다.

① A ② B
③ C ④ D

37. 좌우를 비교하여 배열과 문자가 틀린 것이 몇 개인지 고르면?

비탈리넵스키아르티움	비달리냅슈키야르티온

① 3개 ② 5개
③ 7개 ④ 9개

38. 다음 짝지어진 문자 중에서 서로 다른 것은?

① ♣☏♣▦▤ - ♣☏♣▦▤
② 붕봉붕빙봉붕 - 붕봉붕빙봉붕
③ jsjdflkjopdg - jsjdflkjopdg
④ ‖▨⁝=▤ - ‖▨⁝=▤

|39~40| 주어진 보기를 참고하여 제시된 단어가 바르게 표기된 것을 고르시오.

| a = 기 | b = 우 | c = 코 | d = 이 | e = 유 |
| f = 초 | g = 딸 | h = 파 | i = 제 | j = 농 |

39.

| 초 코 우 유 유 기 농 |

① fcbeeai ② fcbebaj
③ fcbeeaj ④ fcbheaj

40.

| 딸 기 파 이 농 우 초 제 |

① gahajbfi ② gahdjbfi
③ gahbjbfi ④ gdhdjbfi

41. 반응 속도에 영향을 미치는 요인 중 다음 내용과 가장 관련이 깊은 것은?

- 통나무보다 톱밥이 더 잘 탄다.
- 빠른 흡수를 위해 알약을 가루로 만들어 복용한다.

① 온도   ② 압력
③ 촉매   ④ 표면적

42. 다음은 효소의 특성을 나타낸 것이다. 이는 효소가 어떤 성분의 물질이기 때문인가?

- 최적 활성온도는 35 ~ 40°C이다.
- 종류에 따라 활발하게 작용하는 pH가 다르다.

① 지방   ② 비타민
③ 단백질   ④ 탄수화물

43. 물체의 속력과 방향이 일정한 운동은?
① 진자의 운동
② 등속 원운동
③ 등속 직선 운동
④ 빗면을 굴러 내려가는 공의 운동

44. 다음 설명에 해당하는 것은?

- 세포생명 활동의 중심이다.
- 유전물질이 존재하는 장소이다.
- 동물과 식물의 세포에 공통으로 들어있다.

① 핵 ② 액포
③ 세포벽 ④ 엽록체

45. 다음은 과학에서 말하는 일의 정의이다. 일을 한 예로 적절한 것은?

물체에 힘을 주어 물체가 힘의 방향으로 이동하였을 때, '물체에 일을 하였다'고 한다.

① 책상을 끌어 옮긴다.
② 의자에 앉아서 책을 읽는다.
③ 책을 들고 제자리에 서 있다.
④ 벽을 밀고 있으나 움직이지 않는다.

경상남도교육청 교육공무직원 기출동형 모의고사

서 원 각
www.goseowon.com

경상남도교육청 교육공무직원 모의고사

- 정답 및 해설 -

제1회 정답 및 해설

1	2	3	4	5	6	7	8	9	10
②	③	①	②	②	②	④	①	②	②
11	12	13	14	15	16	17	18	19	20
②	①	③	③	③	④	③	①	③	②
21	22	23	24	25	26	27	28	29	30
③	④	④	②	④	③	①	③	③	①
31	32	33	34	35	36	37	38	39	40
③	③	①	③	③	④	②	③	②	③
41	42	43	44	45					
②	④	②	①	③					

1 ②
'위로 끌어 올리다'의 뜻으로 사용될 때는 '추켜올리다'와 '추어올리다'를 함께 사용할 수 있지만 '실제보다 높여 칭찬하다'의 뜻으로 사용될 때는 '추어올리다'만 사용해야 한다.
① 쓰여지는 지 → 쓰이는지
③ 나룻터 → 나루터
④ 서슴치 → 서슴지

2 ③
「• 학생들은 과학자보다 연예인이 되기를 더 선호한다.
• 오늘날 흡연은 사회적 쟁점이 되었다.
• 최근 북한의 인권 문제에 대하여 미국 의회가 문제를 제기하였다.
• 직장 내에서 갈등의 양상은 다양하게 표출된다.」
① 선호 : 여럿 가운데서 특별히 가려서 좋아함
② 제기 : 의견이나 문제를 내어놓음
③ 전제 : 어떠한 사물이나 현상을 이루기 위하여 먼저 내세우는 것
④ 표출 : 겉으로 나타냄

3 ①
'드러나다' 앞말이 본뜻에서 멀어져 밝혀 적지않는 예이다.

4 ②
윗글의 ㉠의 '높다'는 '이름이나 명성 따위가 널리 알려진 상태에 있다'를 의미한다.
① 아래에서 위까지의 길이가 길다.
③ 수치로 나타낼 수 있는 온도, 습도, 압력 따위가 기준치보다 위에 있다.
④ 어떤 의견이 다른 의견보다 많고 우세하다.

5 ②
②에서 나타난 손을 벌리다는 '무엇을 달라고 요구하거나 구걸하다'는 뜻의 관용표현이 아닌 손을 벌리는 모양을 표현한 것이다.

6 ②
'북곽 선생이 머리를 조아리고 엉금엉금 기어 나와서 세 번 절하고 꿇어앉아 우러러 말했다.'는 부분에서 북곽 선생이 범의 비위를 맞추기 위한 말을 늘어놓고 있음을 알 수 있다. '감언이설'은 '남의 비위에 맞도록 꾸민 달콤한 말과 이로운 조건을 내세워 꾀는 말로 북곽 서선생의 태도와 어울리는 한자성어이다.

정답 및 해설

7 ④
주어진 음운현상은 AB가 축약되어 C가 되는 음운 축약현상이다.
① 밥하다 : ㅂ+ㅎ → [바파다]
② 띄다 : 뜨이다(ㅡ+ㅣ) → 띄다
③ 맏형 : ㄷ+ㅎ → [마텽]

8 ①
제시된 단어는 유의관계를 가진다.
① 유의관계 ② 상하관계 ③ 대등관계 ④ 반의관계

9 ②
주어진 단어 '태식'은 '근심이나 설움이 있을 때, 또는 긴장하였다가 안도할 때 길게 몰아서 내쉬는 숨'을 뜻한다.
② 근심이나 설움이 있을 때, 또는 긴장하였다가 안도할 때 길게 몰아서 내쉬는 숨
① 높고 큰 산
③ 대중 전달 매체를 통하여 일반 사람들에게 새로운 소식을 알림. 또는 그 소식
④ 불쌍하고 가련하게 여김

10 ②
학교(schole)의 어원을 예로 들어 단어의 기원에는 그 사회의 가치관과 세계 인식이 담겨 있음을 설명하고 있다.

11 ②
ⓒ 현대 건축에서 발생하는 문제가 한옥에서는 발생하지 않음 - ㉢ ⓒ을 뒷받침하는 이유① : 한옥은 환경을 보존하며 지어지는 특성을 가짐 - ㉠ ⓒ을 뒷받침하는 이유② : 한옥 건축에 사용하는 천연 자재는 공해를 일으키지 않음 - ㉡ ㉠의 장점

12 ①
주어진 글은 과도한 인공조명이 미치는 부정적 영향을 도시의 미관, 생태계의 균형, 인간의 건강과 같은 여러 측면으로 나누어 분석하고 있다.

13 ③
㈐의 앞 문장에서 머리(생각)와 몸의 대비를 제시하고, 뒤의 문장에서는 몸이 삶을 기억하고 증명하는 구체적인 예시를 제시하므로, 주어진 문장이 들어가기에 가장 적절한 곳은 ㈐이다.

14 ③
반데르발스 힘은 분자 간의 약한 물리적 인력이다.

15 ④
빈칸에는 감기와 대비되는 독감의 심각도를 드러내는 내용이 오는 것이 적절하다.

16 ④
① 일반 포유류의 적혈구는 둥근 모양이다.
② 낙타의 혹은 물을 직접 저장하는 것이 아닌, 지방이 분해되면서 물이 부산물로 생성되는 원리를 이용한다.
③ 혹의 지방이 체온에 미치는 영향은 언급되지 않았다.

정답 및 해설

17 ③

③의 앞의 내용을 보면 향후 신재생 에너지 시스템의 효율이 높으며 생산 비용이 저렴해 질 것으로 예상하고 있으므로 ③의 내용으로 '따라서 미래의 신재생 에너지의 보급은 지금 보다 훨씬 광범위하게 다양한 곳에서 이루어 질 것이며 현재의 전력 공급 체계를 변화시킬 것이다.'가 오는 것이 적절하다.

18 ①

(마) 갑인자의 소개와 주조 이유 → (나) 갑인자의 이명(異名) → (바) 갑인자의 모양이 해정하고 바른 이유 → (다) 경자자와 비교하여 개량·발전된 갑인자 → (가) 현재 전해지는 갑인자 본의 특징 → (라) 우리나라 활자본의 백미가 된 갑인자

19 ②

1층에 7개, 2층에 4개, 3층에 3개이므로 총 14개 블록이 있다.

20 ②

제시된 블록을 화살표 표시한 방향에서 바라보면 ②가 나타난다.

21 ③

평면, 정면, 측면 모두 제시된 모양과 일치한다.

22 ④

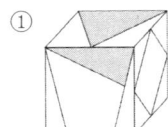
①

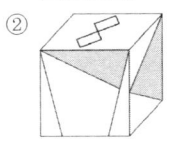
②

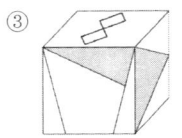
③

23 ④

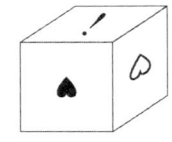

24 ②

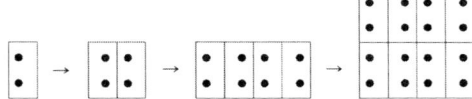

25 ④

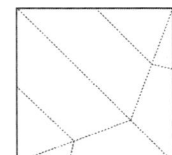

정답 및 해설

26 ③

나올 수 없는 모양은 ③이다.

27 ③

오른쪽으로 90° 회전했을 때 ③과 같이 된다.

28 ①

다음과 같은 배치로 생각할 수 있다. A와 D는 서로 붙어 있다.

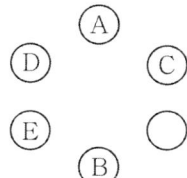

29 ③

제시된 조건을 만족시키는 것은 '양수×양수×양수×양수', '음수×음수×음수×음수', '양수×양수×음수×음수'인 경우이다. 각각의 정수 A, B, C, D 중 2개를 골라 곱하여 0보다 크다면 둘 다 양수 또는 둘 다 음수일 경우이므로 나머지 수는 양수×양수, 음수×음수가 되어 곱은 0보다 크게 된다. A, B, C, D 중 3개를 골라 더했을 때 0보다 작으면 나머지 1개는 0보다 작을 수 있지만 클 수도 있다.

30 ①

미정이는 상훈보다 포인트가 높고, 지선이와 상훈이의 포인트는 같으므로 미정이는 지선이보다 포인트가 높다.

31 ③

C – D – A – B의 순서가 된다. 따라서 가장 먼저 발표를 하는 사람은 C이다.

32 ③

A는 2호선을 이용하였고, D는 1호선, B와 D는 같은 호선을 이용하였으므로 B도 1호선을 이용한 것이다. F와 G는 같은 호선을 이용하지 않았으므로 둘 중 한 명은 1호선이고 나머지는 2호선을 이용한 것이 된다. 1호선은 3명이 이용하였으므로 B, D, (F or G)가 된다.

	A	B	C	D	E	F	G
1호선	×	O	×	O	×	O or ×	O or ×
2호선	O	×	O	×	O	O or ×	O or ×

33 ①

명제를 종합해보면 '을, 정, 갑, 병, 무' 순으로 도착했다.

34 ③

조건에 따라 순서에 맞게 정리하여 보면 B→E→[D→A→G]→F→H→C
여기서 [ ] 안의 세 명의 순위는 바뀔 수 있다.
① A의 순위는 4위 또는 5위가 될 수 있다.
② H보다 늦게 골인한 사람은 C 1명이다.
③ D는 3, 4, 5위를 할 수 있다.
④ G는 3위가 될 수 있다.

정답 및 해설

35 ③

갑이 거짓을 말한다고 가정하면 을 역시 거짓을 말하는 것이고 따라서 병은 진실, 정은 거짓을 말하는 것이 된다. 또, 갑이 참을 말한다고 가정하면 갑, 을, 정이 참, 병은 거짓을 말하는 것이 된다. 조건에서 B국 사람은 한 명이라고 했으므로 참을 말한 B국 사람은 병이다.

36 ④

- 우유를 구매하면, 라면은 구매할 수 없다.(ⓒ)
- 우유를 구매하면, 오이, 치즈는 구매할 수 없다.(ⓔ)
- 오이, 라면을 구매할 수 없다.(ⓐ)
- 치즈를 구매할 수 없으므로 두부는 꼭 구매해야 한다.(ⓓ)

따라서 두부를 구매해야 한다.

37 ②

24170565476 − 24170**65**5476

38 ③

CNNMANHATANOV − CNNMAN**AH**TANOV

39 ②

기린	굴레	그늘	그네	사진	먹방	나루
사진	먹쇠	장가	굴레	<u>돌쇠</u>	사진	그루
연필	마술	먹방	사진	처남	사과	기린
굴레	지루	난방	처남	연장	그네	장가
그늘	사과	연장	먹쇠	사진	나루	장난
그루	처남	<u>돌쇠</u>	굴레	지루	장난	난방
마술	그네	장가	사진	그늘	연필	먹방

40 ③

기린	굴레	그늘	그네	<u>사진</u>	먹방	나루
<u>사진</u>	먹쇠	장가	굴레	돌쇠	<u>사진</u>	그루
연필	마술	먹방	<u>사진</u>	처남	사과	기린
굴레	지루	난방	처남	연장	그네	장가
그늘	사과	연장	먹쇠	<u>사진</u>	나루	장난
그루	처남	돌쇠	굴레	지루	장난	난방
마술	그네	장가	<u>사진</u>	그늘	연필	먹방

41 ②

시간-거리 관계 그래프에서 직선의 기울기는 속력을 나타낸다. 직선의 기울기가 일정하므로 속력이 일정하다.

42 ④

① 심장은 산소를 들이마시고 펌프작용으로 온몸에 혈액이 퍼지게 한다.
② 방광은 대장에서 음식을 완전히 분해하면서 우리 몸의 수분을 조절하는 곳으로 소변을 모아서 관리하는 곳이다.
③ 대장은 우리 몸의 면역의 70%를 담당하는 곳으로 독소를 배출하는 기관이다.

43 ②

전자 운동은 실에 매달린 추가 일정한 경로를 반복해서 왕복하는 운동으로 속력이 최대인 곳은 진동의 중심 B부분이고 양 끝점 A, D는 속력이 0이다.

정답 및 해설

44 ①
① 적혈구는 가운데가 오목한 원반 모양으로 핵이 없으며 혈구 중에 수가 가장 많다. 헤모글로빈이 산소와 결합하여 산소를 운반한다.
② 백혈구는 무색투명하며 모양이 불규칙하고 핵이 있다. 몸에 침입한 세균을 잡아먹어 식균 작용을 하며 우리 몸에 세균에 감염되면 백혈구 수가 증가한다.
③ 혈소판은 무색투명하며 모양이 불규칙하고 핵이 없다. 출혈이 생기면 혈액을 응고시켜 딱지를 형성해 출혈을 멈추게 한다.
④ 혈장의 약 90%가 물이며, 영양소를 비롯한 여러 가지 물질이 녹아 있다.

45 ③
주어진 가계도에서 네모는 남성, 동그라미는 여성임을 알 수 있다. 따라서 甲은 남성이며, XY염색체를 가진다. 甲은 색맹이라고 했으므로 아버지로부터 Y염색체를, 어머니로부터 X′염색체를 받게 되어 X′Y를 가지게 된다.

제2회 정답 및 해설

1	2	3	4	5	6	7	8	9	10
③	②	②	③	②	③	④	②	①	②
11	12	13	14	15	16	17	18	19	20
①	②	③	②	③	③	④	②	③	①
21	22	23	24	25	26	27	28	29	30
④	③	③	③	②	①	④	②	④	③
31	32	33	34	35	36	37	38	39	40
③	②	④	②	②	②	③	③	②	③
41	42	43	44	45					
③	③	②	④	③					

1 ③
③ '가엽다'는 '가없다'와 함께 표준어로 쓰인다.
① 아지랑이 → 아지랑이
② 상판때기 → 상판대기
④ 가벼히 → 가벼이

2 ②
① 법썩 → 법석
③ 오뚜기 → 오뚝이
④ 더우기 → 더욱이

3 ②
밟다[밥: 따]는 표준발음법 제10항 '겹받침 'ㄳ', 'ㄵ', 'ㄼ, ㄽ, ㄾ', 'ㅄ'은 어말 또는 자음 앞에서 각각 [ㄱ, ㄴ, ㄹ, ㅂ]으로 발음한다'의 예외 사항으로 '다만, '밟-'은 자음 앞에서 [밥]으로 발음한다'에 해당하는 예시이다.

4 ③
'되~'에 '아/어라'가 붙는 말의 줄임말로 쓰일 경우는 '돼'가 올바른 표현이며, '(으)라'가 붙으며 '아/어'가 불필요한 경우에는 그대로 '되'를 쓴다. 따라서 제시된 각 문장에는 다음의 어휘가 올바른 사용이다.
㉠ '되어야' 혹은 '돼야'
㉡ '되기'
㉢ '되어' 혹은 '돼'
㉣ '되어야' 혹은 '돼야'

5 ②
'받히다'는 주로 '머리나 뿔 따위로 세차게 부딪치다'의 의미를 가지는 '받다'의 피동사로 쓰인다. 그러므로 ②번에서는 '물건의 밑이나 옆 따위에 다른 물체를 대다.'의 의미를 가진 '받치고'를 사용하는 것이 적절하다.

6 ③
격정은 '강렬하고 갑작스러워 누르기 어려운 감정'을 이르는 말로 빈칸에 어울리지 않는다.

7 ④
① 부르주아, 비스킷, 심포지엄
② 스펀지, 콘셉트, 소파
③ 앙코르, 팸플릿, 플래카드

8 ②
위에 제시된 관계는 각 단어와 그 단어와 관련된 사자성어를 나타낸 것이다. 가을과 관련된 사자성어는 천고마비이다.
※ 천고마비(天高馬肥) … 하늘이 맑아 높푸르게 보이고 온갖 곡식이 익는 가을철을 이르는 말

정답 및 해설

9 ①

① 입신양명 : 사회적(社會的)으로 인정(認定)을 받고 출세(出世)하여 이름을 세상(世上)에 드날림
② 사필귀정 : 처음에는 시비(是非) 곡직(曲直)을 가리지 못하여 그릇되더라도 모든 일은 결국에 가서는 반드시 정리(正理)로 돌아감
③ 흥진비래 : 즐거운 일이 지나가면 슬픈 일이 닥쳐온다는 뜻
④ 백년해로 : 부부(夫婦)가 서로 사이좋고 화락(和樂)하게 같이 늙음을 이르는 말

10 ②

제시된 사례는 모두 과거의 제약이나 실패 등을 극복하고 새로운 성공이나 성취를 이뤄냈다는 공통점을 가진다. 때문에 개인의 성장과 성취는 과거의 한계에 제약받지 않고 이룰 수 있다는 사실이 포괄적인 주제로 적절하다.

11 ①

(가) 바람직한 사회에 대한 전제 → (다) 해당 사회의 실현 조건 → (나) 구체적인 실현 방법 → (라)(마) 바람직한 사회의 실현을 방해하는 물리력의 문제와 그 이유를 설명하는 대조의 구성으로 이루어진다.

12 ②

지문에서 용기의 핵심은 두려움 속에서도 옳은 일을 선택하는 태도이다. 개인의 이익을 위해 부당한 지시를 수행한 것은 옳은 일을 선택하는 행동과 가장 거리가 멀다.

13 ③

위 글은 '전문적 읽기'를 '주제 통합적 독서'와 '과정에 따른 독서'로 나누고 이에 대한 방법을 설명하고 있으므로 글의 중심내용은 '전문적 읽기 방법'이다.

14 ②

ⓒ의 앞 문장에서는 마르크스의 언어관을 제시하며 조직 내에서 언어가 기능하는 이론적 배경을 제시한다. 따라서 이러한 이론을 뒷받침하는 구체적 사례를 제시하는 문장이 이어지는 것이 가장 자연스럽다.

15 ③

해당 글의 핵심 주제는 환각에 대한 과학적인 인식 변화이다. 연구자의 사적인 공로 기록이나 대중 활동은 주제와 직접적인 관련이 적어 삭제해도 무관하다.

16 ③

지문은 소통을 상대방을 설득해 의견의 일치를 이루는 논리적 행위로 한정하며, 감정이나 공감의 역할을 부정적으로만 본다. 따라서 소통으로 인한 감정적 교류나 관계 형성의 가치를 간과하고 있다는 점이 해당 글에 대한 근본적인 비판으로 가장 적절하다.

정답 및 해설

17 ④

바로 뒤 문장이 제시하는 '천재적인 능력과 업적 사이의 괴리'에 대한 구체적인 증거를 가장 직접적으로 포괄하는 명제이다.

18 ②

(나) 갑조선의 정의와 1430년대 당시 주변국과 우리나라 군선의 차이 - (마) 중국식 조선법을 채택하게 된 계기 - (가) 태종 때 군선 개량의 노력 - (다) 세종 때 군선 개량의 노력 - (라) 단조선으로 복귀하게 된 계기와 조선시대 배가 평저선구조로 일관된 이유

19 ③

1단 : 10개, 2단 : 5개, 3단 : 3개, 4단 : 1개

20 ①

제시된 블록을 화살표 방향에서 바라보면 ①이 나타난다.

21 ④

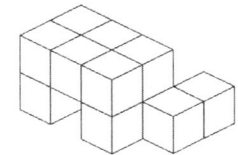

22 ②

① 의 모양이 되어야 한다.

② 의 모양이 되어야 한다.

④ 의 모양이 되어야 한다.

23 ③

제시된 전개도를 접으면 ③이 나타난다.

24 ③

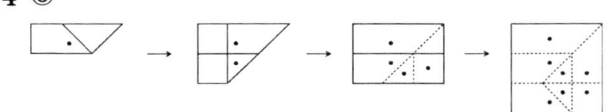

정답 및 해설

25 ②

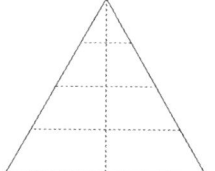

26 ①

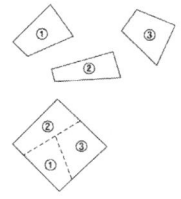

27 ④

④번과 같은 모양이 나타난다.

28 ②

맨 오른쪽에 서 있던 것은 영수이고, 민지는 맨 왼쪽에 있지 않으므로, 경호, 민지, 영수의 순으로 서있었다는 것을 알 수 있다. 5층에서 영수가 내리고 엘리베이터가 다시 올라갈 때 경호는 맨 왼쪽에 서 있게 된다.

29 ④

영민이의 첫째 동생은 26살, 민수는 25살로 영민이의 첫째 동생이 민수보다 나이가 많다.

30 ③

갑~무 중 한 사람만이 거짓인데 갑과 을의 말은 모순된다. 따라서 둘 중에 한명은 거짓이다. 을의 말이 참이고, 갑이 거짓이라면 무의 진술도 거짓이 되므로 갑의 말이 참이고 을의 말이 거짓이다. 따라서 ③이 답이 된다.

31 ③

민혁이가 범인이라면 은영이와 혜수가 진실을 얘기하는 셈이 된다. 또한 재준이가 범인이라면 민혁이와 은영, 혜수 모두 진실을 얘기하는 셈이 되므로 옳지 않다. 그리고 혜수가 범인이라면 재준이와 은영이의 진술이 맞게 된다. 따라서 범인은 은영이이며 혜수만이 진실을 말하고 있는 것이다.

32 ②

사색은 진정한 의미에서 예술이고, 예술은 인간의 삶을 풍요롭게 만든다고 했으므로, 사색은 인간의 삶을 풍요롭게 만든다.

33 ④

①②③ 병이 을과 정 앞에 있을 수도 있고, 사이에 있을 수도 있다. 또한, 가장 뒤에 있을 수도 있으므로 을, 병, 정의 위치는 주어진 조건만으로는 파악할 수 없다.
④ 주어진 조건으로는 '갑 > 을 > 정, 갑 > 병'만 알 수 있다. 이를 통해 갑이 을, 정, 병보다 앞에 있음을 확인할 수 있다.

34 ②

사과 좋아함 → 수박 좋아함 → 배를 좋아함 → 귤을 좋아함

정답 및 해설

35 ②
조건에 따라 순번을 매겨 높은 순으로 정리하면 BDAEC가 된다.
따라서 두 번째로 높은 사람은 D가 된다.

36 ②
①③④ 제시문과 동일한 흑백 논리의 오류이다.
② 성급한 일반화의 오류이다.

37 ③

38 ③

39 ②
현=△, 달=◐, 연=◑, 원=●, 석=▦

40 ③
로=◆, 나=■, 달=◐, 정=●, 매=▮

41 ③
① 에너지를 얻는 세포호흡을 한다.
② 광합성을 통해 포도당을 만든다.
④ 식물은 호흡할 때 산소를 흡수한다.

42 ③
①②④ 화학변화
③ 물리변화

43 ②
금성의 특징
㉠ 금성의 두꺼운 대기가 햇빛을 잘 반사시키기 때문에 태양계 행성 중 가장 밝고 지구에서도 가장 밝게 보인다.
㉡ 금성의 대기에는 이산화탄소가 많기 때문에 온실 효과를 일으켜 매우 뜨겁다. 표면 온도가 460°C정도이며 화산도 있다.
㉢ 자전 주기는 243일로 태양계 행성 중 자전 주기가 가장 긴 행성이다. 또한 다른 행성들은 대부분 공전 주기가 자전 주기보다 긴데, 금성의 공전 주기는 224일로 자전주기가 공전 주기보다 더 길다.
㉣ 태양과 1억 800만 km정도 떨어져 있으며 위성은 없다.
㉤ 금성에는 구름이 가득 끼어 있어서 표면은 보이지 않는다.
㉥ 다른 행성들은 오른쪽으로 자전하는데 금성은 왼쪽으로 자전을 한다.

44 ④
위는 구강과 식도를 통해 내려온 음식물을 잠시 동안 저장하고 일부 소화 작용을 거쳐 소장으로 내려 보내는 역할을 한다. 위의 기능에는 기계적인 소화 작용 및 위산을 이용한 살균작용, 펩신을 통한 단백질 분해작용이 있다.

45 ③

광합성

- ㉠ 정의 : 녹색식물이 빛에너지를 이용하여 이산화탄소와 물을 원료로 포도당과 산소를 합성하는 과정으로 주로 녹색식물의 잎에서 일어난다. 광합성은 저분자 물질을 고분자 물질로 합성하는 동화작용이다.
- ㉡ 광합성 장소 : 식물세포의 잎에 있는 엽록체에서 일어난다. 엽록체는 녹색을 띠는 엽록소 외에 카로틴이나 크산토필과 같은 황색을 띠는 색소도 있다.

제3회 정답 및 해설

1	2	3	4	5	6	7	8	9	10
③	③	②	②	④	②	②	③	①	③
11	12	13	14	15	16	17	18	19	20
④	②	②	①	③	③	③	②	③	③
21	22	23	24	25	26	27	28	29	30
④	①	②	①	③	②	④	①	①	④
31	32	33	34	35	36	37	38	39	40
①	①	①	②	④	②	④	③	②	③
41	42	43	44	45					
②	②	①	③	④					

1 ③
③ 남에게 잘 알려짐으로써 얻은 신용이나 평판 또는 체면, 명예를 의미한다.
①②④ 눈·코·입 등이 있는 머리의 앞면을 의미한다.

2 ③
풍만과 윤택은 둘 다 풍족하여 그득하다는 의미를 가진 단어로 서로 유의어 관계에 있다. 따라서 괄호 안에 들어갈 단어로는 단절과 유의어 관계에 있는 불통이 가장 적절하다.

3 ②
이슬은 문학작품 등에서 눈물을 비유적으로 이를 때 쓰인다.
② 용은 봉황, 기린(麒麟) 등과 함께 임금을 상징하는 동물 중 하나이다.

4 ②
② 적격(適格) : 어떤 일에 자격이 알맞음
① 첩경(捷勁) : 날래고 강함
③ 대안(對案) : 어떤 안(案)을 대신하는 안
④ 구면(舊面) : 예전부터 알고 있는 처지 또는 그런 사람

5 ④
발이 묶이다 : 어떤 사정이나 장애 때문에 자유롭게 움직일 수 없게 되다.

6 ②
이중피동은 글자 그대로 피동이 한 번 더 진행된 상태임을 의미하며, 이는 비문으로 간주된다.
㉠ 놓여진 : 놓다 → 놓이다(피동) → 놓여지다(이중피동)
㉡ 맺혀졌다 : 맺다 → 맺히다(피동) → 맺혀지다(이중피동)
㉢ 비워졌다 : 비우다 → 비워졌다('비워지다'라는 피동형의 과거형이므로 이중피동이 아니다.)
㉣ 닫혀진 : 닫다 → 닫히다(피동) → 닫혀지다(이중피동)
따라서 이중피동이 사용된 문장은 ㉠, ㉡, ㉣이 된다.

정답 및 해설

7 ②

맹자의 어머니가 아들의 교육을 위하여 3번 거처를 옮겼다는 고사로, 생활환경이 교육에 있어 큰 구실을 함을 뜻함
① 쇠처럼 단단하고 난초(蘭草) 향기(香氣)처럼 그윽한 사귐의 의리를 맺는다는 뜻으로, 사이 좋은 벗끼리 마음을 합치면 단단한 쇠도 자를 수 있고, 우정의 아름다움은 난의 향기와 같이 아주 친밀한 친구 사이를 이름
③ 관중과 포숙의 사귐. 즉 영원히 변치 않는 참된 우정
④ 매우 친밀하게 사귀어 떨어질 수 없는 사이

8 ③

결산(決算)은 오직 금전적인 계산을 마감한다는 의미로 쓰여, 본문에서 갈등이나 부정적인 과거사를 정리한다는 의미로 쓰인 청산(淸算)을 대체할 수 없다.
① 소격(疏隔)은 서로 사이가 멀어지거나 떨어졌다는 의미로, 소원(疏遠)을 대체할 수 있다.
② 조정(調整)은 어떤 기준이나 실정에 맞게 바로잡거나 고르게 하다는 뜻으로, 조율(調律)과 대체될 수 있다.
④ 현안(懸案)은 해결해야 할 문제로 남아있는 안건으로, 문제나 사건이 되는 일인 사안(事案)과 대체될 수 있다.

9 ①

밑줄 친 '짚다'는 '여럿 중에 하나를 꼭 집어 가리키다'의 의미로 쓰인 경우이며, ①에서도 동일한 의미로 쓰인다.
② 손으로 이마나 머리 따위를 가볍게 눌러 대다.
③ 바닥이나 벽, 지팡이 따위에 몸을 의지하다.
④ 상황을 헤아려 어떠할 것으로 짐작하다.

10 ③

ⓒ 온실효과의 발생 원인은 대기 중 온실가스가 적외선을 흡수하고 방출해서 열에너지를 머물게 하기 때문이다.
ⓓ 온실효과는 생명 유지에 필요한 적절한 온도를 만드는 순기능을 한다.

11 ④

제시된 글은 창의성이 완전히 새로운 것이 아닌 개인의 경험과 시선을 통해 익숙한 것을 새롭게 엮어내는 과정이라고 주장한다. 즉, 창의성의 본질에 대해 설명한다.

12 ②

ⓒ 인문은 현대 사회 속에서 이중적인 위상을 가지고 있다.
ⓐ 인문학이 정서적 위로뿐 아니라 사회에 윤리적 질문을 제기하는 비판적 기능을 수행하기 때문이다.
ⓑ 이러한 기능은 보편적인 통찰로 확장될 수 있지만, 동시에 도구화될 위험도 존재한다.
ⓓ 따라서 인문학은 시대 속에서 그 역할을 새롭게 규정하며 계속해서 인간 삶의 근본 문제를 성찰해야 한다.

13 ②

㉠은 문제 제기를 통한 주장, ㉡은 ㉠의 주장을 뒷받침하는 근거, ㉢은 논리의 확장 ㉣은 글 전체를 수렴하는 중심 결론이다.

14 ①

본문은 과학적 발견이 우연과 뒤늦은 효용으로 이루어지기도 한다고 설명한다.

정답 및 해설

15 ③

우주의 기원을 밝히는 장기 연구는 즉각적인 경제 성장이나 산업 경쟁력보다 자연 현상의 이해와 지식의 축적을 더 중요시했을 때 이루어진다.

16 ③

첫 번째 문단에서 문제를 알면서도 고치지 않았던 두 칸을 수리하는 데 수리비가 많이 들었고, 비가 새는 것을 알자마자 수리한 한 칸은 비용이 많이 들지 않았다고 하였다. 또한 두 번째 문단에서 잘못을 알면서도 바로 고치지 않으면 자신이 나쁘게 되며, 잘못을 알자마자 고치기를 꺼리지 않으면 다시 착한 사람이 될 수 있다하며 이를 정치에 비유해 백성을 좀먹는 무리들을 내버려 두어서는 안 된다고 서술하였다. 따라서 글의 중심내용으로는 잘못을 알게 되면 바로 고쳐 나가는 것이 중요하다가 적합하다.

17 ③

㈎ 가전체소설의 정의 – ㈑ 가전체소설의 형식 – ㈏ 가전체소설의 특징 – ㈒ 가전체소설의 뿌리와 최초의 작품 – ㈐ 우리나라에서 가전체소설이 본격적으로 제작된 시기

18 ②

표준화된 언어는 의사소통을 효과적으로 하기 위하여 의도적으로 선택해야 할 공용어로서의 가치가 있고 방언은 국가 전체의 언어와 문화를 다양하게 발전시키는 토대로서의 가치가 있다는 것이 이 글의 주된 내용이다. 따라서 이 글의 주제로 알맞은 것은 '표준화된 언어와 방언은 각각의 다른 가치가 있다'이다.

19 ③

제시된 수열은 바로 앞 수의 두 배에서 1을 뺀 값이다.

20 ③

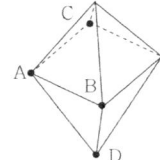

그림을 보면 BC의 거리가 가장 길다.

21 ④

<보기>에 제시된 블록의 총 개수는 18개이다. 도형 A의 블록 수가 6개이고, 도형 B의 블록 수가 5개이므로 도형 C는 7개의 블록으로 이루어진 모양이어야 한다. 따라서 ①, ②, ③은 제외하고 블록의 모양을 판별하도록 한다. 세 개의 블록으로 이루어지는 면에서 가운데 블록이 비어 있는 모양이 필요하므로 답은 ④번이다.

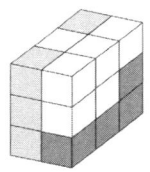

22 ①

제시된 전개도에서 맞닿는 면을 표시하면 다음과 같다.

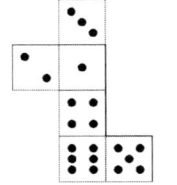 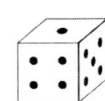

정답 및 해설

23 ②

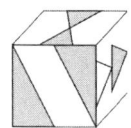

24 ①

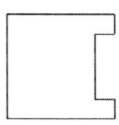

25 ③

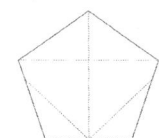

26 ②
② 주어진 화살표 방향대로 접었을 때 뒷면의 모양에 해당한다.
①③④ 주어진 화살표 방향대로 접었을 때 나올 수 없는 모양이다.

27 ④
왼쪽으로 90° 회전시켰을 때 ④와 같은 모양이 된다.

28 ①
결론이 참이 되기 위해서는 '안타를 많이 친 타자는 팀에 공헌도가 높다.' 또는 이의 대우인 '팀에 공헌도가 높지 않은 선수는 안타를 많이 치지 못한 타자이다.'가 답이 된다.

29 ①
세 번째 조건에 의하면 정 선생와 강 선생는 국어과 담당도 체육과 담당도 아니므로 수학과와 영어과 담당이 된다. 따라서 이 선생과 최 선생은 국어과와 체육과 중 하나이다. 첫 번째 조건에 의하면 이 선생이 체육과와 영어과 중 한 곳의 담당이며 세 번째 조건에 의해 영어과를 제외한 체육과 담당임을 알 수 있다. 따라서 남은 한 곳인 국어과가 최 선생이 담당하는 교과임을 알 수 있다.

30 ④
대한(15세) : 4살 터울이라 했으므로, 첫째동생(11세) 둘째동생(7세) 막내동생(3세)이다.
사랑(11세) : 3살 터울이라 했으므로, 첫째동생(8세) 막내동생(5세)이다.
① 사랑이는 대한이의 막내동생보다 나이가 8살 많다.
② 대한이의 막내동생이 가장 나이가 어리다.
③ 대한이의 둘째동생보다 사랑이의 첫째동생이 나이가 많다.

31 ①
주어진 조건에 따르면 아래 표와 같다.

	1동	2동	3동
집	갑	을	병
식당	을	병	갑

32 ①

	3월	4월
정수	○	×
기정	○	×
상우	○	×
유진		○

정답 및 해설

33 ①
甲은 어제 영화를 보러갔으며, 甲은 반드시 윤아와 영화를 보러 간다고 했으므로 윤아는 어제 영화를 봤다는 것은 반드시 참이다.

34 ②
귤은 비타민이 풍부한 과일→비타민이 풍부한 과일을 먹으면 면역력이 좋아짐→감기에 걸리지 않음

35 ④
장승이 처음 질문에 "그렇다."라고 대답하면 그 대답은 진실이므로 다음 질문에 대한 대답은 반드시 거짓이 되고, "아니다."라고 대답하면 그 대답은 거짓이므로 다음 질문에 대한 대답은 반드시 진실이 된다. 장승이 처음 질문에 무엇이라 대답하든 나그네는 다음 질문의 대답이 진실인지 거짓인지 알 수 있으므로 마을로 가는 길이 어느 쪽 길인지 알 수 있게 된다.

36 ②
영희가 범인이라면 첫 번째, 세 번째 조건은 참이고, 두 번째 조건은 거짓이다.
순이가 범인이라면 모든 조건이 참이다.
보미가 범인이라면 두 번째, 세 번째 조건은 참이고, 첫 번째 조건은 거짓이다.
한 진술은 거짓이고, 나머지 진술은 참이 되어야 하므로 ②는 거짓이다.

37 ④
내 차례에 **못** 올 **사**랑인 줄 알면**서**도 나 혼자는 꾸준히 **생**각하리라

38 ③
Per**h**aps Jonas will, because t**h**e current receiver **h**as told us t**h**at jonas already **h**as t**h**is quality.

39 ②
5791**3**5491**3**54219543548415763554

40 ③
159670468954698723157**9**143

41 ②
두 공은 크기와 질량이 같으므로 중력의 크기 또한 동일하다.

42 ②
화학변화 : 물질을 구성하는 원자들의 결합이 에너지를 받아 분해되거나 재결합하여 처음의 물질과 전혀 다른 화학적 성질을 갖는 물질로 변화하는 것이다.

정답 및 해설

43 ①

일반적으로 지상에서부터 상층 10~12km까지를 말하며 기온이 높이에 따라 감소한다. 대기가 불안정하여 구름, 강수 등 기상에 관한 현상은 거의 다 이 대류권에서 발생한다.

44 ③

③ 승화 : 고체가 기체로, 기체가 고체로 변하는 현상
① 응고 : 액체가 고체로 변하는 현상
② 액화 : 기체가 액체로 변하는 현상
④ 융해 : 고체가 액체로 변하는 현상

45 ④

온도가 높을수록 물의 분자 운동이 빨라지기 때문에 온도가 높을수록 잉크가 더 빠르게 확산된다.

제4회 정답 및 해설

1	2	3	4	5	6	7	8	9	10
①	④	④	①	③	③	①	③	①	③
11	12	13	14	15	16	17	18	19	20
②	②	①	③	③	④	③	①	③	③
21	22	23	24	25	26	27	28	29	30
④	④	③	③	①	②	②	②	③	①
31	32	33	34	35	36	37	38	39	40
③	①	②	④	④	④	③	②	②	③
41	42	43	44	45					
②	④	①	③	②					

1 ①
① 잘못된 것이나 부족한 것, 나쁜 것 따위를 고쳐 더 좋게 만듦
② 행실이나 태도의 잘못을 뉘우치고 마음을 바르게 고쳐먹음
③ 문이나 어떠한 공간 따위를 열어 자유롭게 드나들고 이용하게 함
④ 주로 문서의 내용 따위를 고쳐 바르게 함

2 ④
④ 여럿의 가운데를 의미한다.
①②③ 물체의 안쪽 부분을 의미한다.

3 ④
체취 → 채취

4 ①
'정'은 혼자 있을 때나 고립되어 있을 때는 우러날 수 없고, 항상 어떤 '관계'가 있어야 생겨난다는 점에서 '상대적'이며, 많은 시간을 함께 보내고 지속적인 관계가 유지될수록 우러난다고 했으므로 정의 발생 빈도나 농도는 관계의 지속 시간과 '비례'한다.

5 ③
방탄복은 총알을 막아주고, 방음벽은 소리를 막아준다.

6 ③
① 액체 따위를 끓여서 진하게 만들다, 약제 등에 물을 부어 우러나도록 끓인다는 뜻이며 간장을 달이다, 보약을 달이다 등에 사용된다.
② '줄다'의 사동사로 힘, 길이, 수량, 비용 등을 적어지게 한다는 의미이다.
④ '졸다'의 사동사 또는 속을 태우다시피 초조해하다의 의미를 갖는다.

7 ①
밭을[바틀]

8 ③
① '-되다'와 '-어지다'가 함께 쓰인 이중피동이다.
② 과반수(過半數)는 '반이 넘는 수'라는 뜻으로, 이미 이상(以上)의 의미를 내포한다.
④ '손이 거칠다'는 일을 다루는 솜씨가 세밀하지 못하다는 의미의 관용구이다. 일처리가 굼뜨고 느리다는 의미의 관용구는 '손이 느리다'이다.

정답 및 해설

9 ①
그 아이는 아픈척을 한다. → 그 아이는 아픈 척을 한다.

10 ③
자료에서는 단순한 공부 시간보다 학습 계획 수립과 실천 여부가 자기주도 학습에 더 큰 영향을 미친다고 하였다. 따라서 결론은 스스로 목표를 세우고 점검하는 자기조절 능력이 중요함을 강조하는 것이 좋다.

11 ②
윗글에서는 기존의 주장을 반박하는 방식의 서술 방식은 찾아볼 수 없다.

12 ②
주어진 문장은 개인의 책임이 공동체와 조직에 미치는 긍정적 중요성을 강조한다. 개인의 개성을 앞세우는 내용은 논지의 방향과 배치되어 주제를 전환하므로 적절하지 않다.

13 ①
② 침묵이나 부작위는 그 자체만으로 승낙이 되지 않는다.
③ 청약자가 지정한 기간 내에 동의의 의사표시가 도달하지 않으면 승낙의 효력이 발생하지 않는다.
④ 청약은 계약이 체결되기까지는 철회될 수 있다.

14 ③
〈보기〉는 판례가 변경된 이유를 뒷받침하는 논거이므로 바로 앞에서 종전 판례가 새로 변경되었음을 밝히는 ㉢에 위치하는 것이 적절하다.

15 ③
㈐ 농사의 기본 개념 제시 → ㈑ 농사의 필요 요건 중 하나인 토양의 중요성 → ㈒ 자연과 더불어 인간의 노동 또한 필요함을 설명 → ㈎ 직접적인 관리 활동에서 느낄 수 있는 보람 → ㈏ 농사가 자연과 인간의 조화로운 협력임을 강조

16 ④
지문에서 중세의 왕권 체제는 강력한 중앙집권체제와 타협을 통한 균형 체제로 나뉜다고 설명한다.

17 ③
제시된 글은 좋은 작품을 가려내기 위해 보편적으로 적용되는 기준들을 설명하고 있다.

18 ①
제시된 글은 큰 우물과 작은 우물을 대비해서 편리함에 익숙해진 마을 사람들이 숨겨진 가치를 보지 못하고 있었음을 보여준다. 이는 겉으로 보기에 편리하고 익숙한 것이 반드시 가장 좋은 선택은 아니라는 교훈을 준다.

19 ③
1단 : 8개, 2단 : 5개, 3단 : 5개, 4단 : 3개, 5단 : 1개
총 22개

20 ③

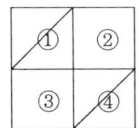

㉠ 정사각형의 수 : ①, ②, ③, ④, ①+②+③+④의 5개
㉡ 직사각형의 수 : ①+②, ①+③, ②+④, ③+④의 4개
∴ 5+4＝9개

정답 및 해설

21 ④

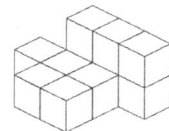

22 ④

제시된 전개도를 접으면 ④가 나타난다.

23 ③

제시된 도형을 전개하면 ③이 나타난다.

24 ③

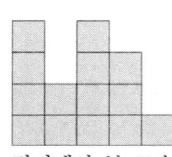

정면에서 본 모습   정면 위에서 본 모습

25 ①

26 ②

27 ②

위로 뒤집고 오른쪽으로 뒤집은 후 시계 방향으로 270° 회전하면 ②가 나온다.

28 ②

참인 명제의 대우는 항상 참이다.
ⓒ의 대우는 '귀걸이가 없는 사람은 팔찌가 있다'이다. ⓒ과 조합하면 b가 항상 옳은 것을 알 수 있다.

29 ③

철수는 낮에 공부를 했는데, 순이가 먼저 나왔다고 했으므로 순이가 나온 시간은 낮이다. 준수는 밤에 도서관 앞에 있었으므로 순이는 준수를 보지 못했다.

30 ①

우산을 챙길 확률은 비가 올 확률과 같고 도서관에 갈 확률을 눈이 올 확률과 같다. 내일 기온이 영하이면 눈이 오고, 영상이면 비가 온다. 따라서 내일 우산을 챙길 확률은 $\frac{40}{100} \times \frac{20}{100} = \frac{8}{100}$ 이고 내일 도서관에 갈 확률은 $\frac{40}{100} \times \frac{80}{100} = \frac{32}{100}$ 이다.

31 ③

1	A(또는 F)
2	D
3	E
4	C
5	B
6	F(또는 A)

정답 및 해설

32 ①
㉠ (가) 상황
- A가 도둑인 경우 : A는 거짓, B는 참, C는 거짓이므로 조건에 부합한다.
- B가 도둑인 경우 : A는 참, B는 참, C는 거짓이므로 조건에 부합하지 않는다.
- C가 도둑인 경우 : A는 참, B는 거짓, C는 참이므로 조건에 부합하지 않는다.

㉡ (나) 상황
- 甲이 도둑인 경우 : 甲은 거짓, 乙은 거짓, 丙은 거짓이므로 조건에 부합한다.
- 乙이 도둑인 경우 : 甲은 참, 乙은 참, 丙은 거짓이므로 조건에 부합하지 않는다.
- 丙이 도둑인 경우 : 甲은 참, 乙은 참, 丙은 참이므로 조건에 부합하지 않는다.

㉢ 따라서, (가) 상황에서는 A가 도둑이며, (나) 상황에서는 甲이 도둑이다.

33 ②
1층은 E – B – D – C의 순서가 된다.
F의 옆방 중 최소한 하나는 비어있어야 하므로 F는 201호 또는 202호에 투숙한다.

201호	202호	203호	204호
F	F	A	
101호	102호	103호	104호
E	B	D	C

34 ④
조건에 따르면 B > (G) > D > (G) > C > F > A > E의 순이다.
① 알 수 없다.
② G는 A보다 나이가 많다.
③ C는 G보다 나이가 적다.

35 ④
명제를 따라 나열하면 '대호, 민기, 주성, 동욱, 용택' 순이다.

36 ④
만약 C의원의 말이 거짓이라면 참말을 한 사람은 한 명이 아니다. 그렇다면 A의원과 B의원의 말이 참이 되어, 두 사람 모두 입각을 제의받은 것이 된다. 한 명만 입각을 제의받았다고 했으므로 C의원의 말은 참말이 된다.

37 ④
노비쵸노크키슬로보스크 노비초노크키솔로브스키

38 ③
소수득별준 – 소수특별준

39 ②

긴장	긴자	국자	간장	국장	권자	권좌
계장	개전	개정	국자	간자	건장	건전
걱정	국장	계장	권자	건장	개정	간장
긴자	개전	간자	권좌	국자	건전	건강
건장	걱정	간장	긴장	계장	개장	건장
건전	국장	개정	개전	권좌	긴자	국기
간자	국자	긴장	걱정	개전	국기	국위

40 ③

긴장	긴자	국자	간장	국장	권자	권좌
계장	개전	개정	국자	간자	건장	건전
걱정	국장	계장	권자	건장	개정	간장
긴자	개전	간자	권좌	국자	건전	건강
건장	걱정	간장	긴장	계장	개장	건장
건전	국장	개정	개전	권좌	긴자	국기
간자	국자	긴장	걱정	개전	국기	국위

정답 및 해설

41 ②
효소는 단백질로 되어 있기 때문에 최적 온도에 오를 때까지 온도가 증가함에 따라 반응속도가 빨라지나 그 이상의 온도에서는 단백질의 입체구조가 변하기 때문에 반응은 일어나지 않는다.

42 ④
백열전구가 형광등보다 전기를 더 많이 사용한다. 또한 냉장고를 자주 여닫게 되면 냉기의 손실로 인해 전기사용이 많아진다. 사용하지 않는 플러그를 뽑아두는 것은 전기도 아끼고 전기를 안전하게 사용할 수 있는 방법이다. 이 외에는 냉난방에 소모되는 전기에너지가 매우 크므로 실내온도를 적정하게 하는 것이 매우 중요하다.

43 ①
두 힘이 반대 방향으로 작용하므로 합력의 크기는 큰 힘에서 작은 힘의 크기를 뺀 값이 되고 방향은 큰 힘과 같은 방향이 된다.

44 ③
컵의 안쪽을 뿌옇게 만든 것은 뜨거운 물에서 올라온 수증기가 차가운 유리 표면에 닿아 응결했기 때문이고, 바깥쪽의 작은 물방울 또한 컵의 열 때문에 주변 공기가 데워졌다가 다시 차가운 바깥 공기와 만나면서 공기 중에 포함된 수증기가 유리 표면에서 응결해서 생긴 것이다.

45 ②
② 융해 : 고체가 액체로 변하는 현상
① 응고 : 액체가 고체로 변하는 현상
③ 승화 : 고체가 직접 기체 또는 기체가 직접 고체로 변하는 현상
④ 액화 : 기체가 액체로 변하는 현상

제5회 정답 및 해설

1	2	3	4	5	6	7	8	9	10
①	③	②	③	②	④	②	①	②	④
11	12	13	14	15	16	17	18	19	20
④	④	②	③	②	③	④	③	①	③
21	22	23	24	25	26	27	28	29	30
③	③	②	④	①	③	③	④	②	③
31	32	33	34	35	36	37	38	39	40
④	④	①	③	③	②	③	④	③	②
41	42	43	44	45					
④	③	③	①	①					

1 ①
① 범위를 일정한 부분에 한정함
② 모양이나 규모 따위를 더 크게 함
③ 다그쳐 빨리 나아가게 함
④ 바짝 조였던 정신이 풀려 늦추어짐

2 ③
③ 속에 들어 있는 기체나 액체를 밖으로 나오게 하다.
① 박힌 것을 잡아당기어 빼내다.
② 무엇에 들인 돈이나 밑천 따위를 도로 거두어들이다.
④ 원료나 재료로 길게 생긴 물건을 만들다

3 ②
'곤충에도 뇌가 있다(인간과 같다).'는 문장과 '인간의 뇌만큼 발달되어 있지 않다(차이).'는 문장으로 역접의 관계를 나타내는 접속어를 선택한다. 두 번째 괄호에는 '때문이다'로 보아 원인을 나타내는 접속사가 들어가야 한다.

4 ③
지문은 백면서생을 가리키고 있다.
① 뇌에 장애나 질환이 있어 지능이 아주 낮은 상태, 혹은 그런 사람을 낮잡아 이르는 말이다.
② 억지가 매우 심하여 자기 의견만 내세워 우기는 성미, 또는 그런 사람을 뜻한다.
④ 일상적으로 신을 신이 없어 맑은 날에도 나막신을 신는다는 뜻으로, 가난한 선비를 낮잡아 이르는 말이다.

5 ②
'가결'과 '부결'은 상대어이다. '유동'의 상대어는 '고정'이다.

6 ④
① 허위적허위적 → 허우적허우적
② 괴팍하다 → 괴팍하다
③ 미류나무 → 미루나무

7 ②
'효시'는 '어떤 사물이나 현상이 시작되어 나온 맨 처음을 비유적으로 이르는 말'이다. 따라서 '사물의 근원'의 의미를 가지는 '연원'이 그 의미가 유사하다고 볼 수 있다.
① 사람의 힘을 가하지 아니한 상태
③ 작게 보임. 또는 작게 봄
④ 보람 있게 쓰거나 쓰임. 또는 그런 보람이나 쓸모

정답 및 해설

8 ①
'커녕'은 조사이므로 붙여 쓴다.
사과는 커녕 → 사과는커녕

9 ②
① 사과 두 개, 감 두 개를 준 것인지 사과와 감을 합하여 두 개를 준 것인지 불분명하다.
③ 비교대상이 나와 축구인지, 남자친구와 나인지 분명하지 않다.
④ 웃는 것이 나인지 엄마인지 분명하지 않다.

10 ④
① '눈에 보이다', '눈에 들어오다'의 의미를 가진 단어는 '뜨이다'의 준말인 '띄다'이다.
② 시설의 규모를 늘릴 때는 증설(增設)하다가 적절하다. 증편(增便)은 버스나 기차의 운행 횟수를 늘릴 때 쓴다.
③ '아궁이 따위에 불을 지피어 타게 하다'의 의미를 가진 단어는 '때다'이다.

11 ④
(A)는 작가의 풍부한 상상력과 서사적 확장 능력을 의미하며 이러한 창작의 힘을 가장 구체적으로 보여주는 예시는 ④이다.

12 ④
이 글은 도시에서의 고립감 문제를 여러 측면에서 분석하고 있다. 문제 제기와 원인 분석이 충분히 이루어졌으므로 이에 대한 해결 방안으로 흐름이 이어지는 것이 가장 적절하다.

13 ②
제32조의 내용 '정당이 다음 각 호의 어느 하나에 해당하는 때에는 당해 선거관리위원회는 그 등록을 취소한다'를 설명해 줄 '각 호'에 대한 내용이 없으므로 보기는 (나)에 들어가야 적절하다.

14 ③
아침에 일어났을 때 몸이 무겁고 정신이 또렷하지 않은 이유는 여러 생리적 변화와 관련이 있다.
ⓔ 밤 동안 일어나는 체온 변화로 인해 근육의 활동성이 떨어지게 된다.
㉠ 아침에 빛을 인지하며 코르티솔과 멜라토닌의 변화가 시작된다.
㉢ 두 호르몬의 균형이 바뀌는 동안 계속 멍한 느낌이 나타나게 된다.
㉣ 이후 혈압과 호흡이 안정되며 정신이 또렷해지는 단계에 도달한다.
㉡ 결국 이러한 과정은 자연스러운 생리적 전환의 일부이다.

15 ②
제시된 글의 주제는 '사람들이 생활환경 개선을 위해 노력한다.'이다. ②는 주제와 관계가 없는 내용이다.

16 ③
해당 글은 프랑스의 식사 문화를 예로 들어 식사가 단순한 섭취가 아니라 공동체적 유대를 강화하고 삶의 질을 높이는 인간 중심적 행위로 기능할 수 있다고 주장하고 있다.

정답 및 해설

17 ④
제시된 글은 사람들이 이미 지출한 매몰비용 때문에 비합리적인 선택을 하는 경향을 지적하고, 경제학 관점에서 이러한 매몰비용을 고려하지 않고 한계 편익과 한계 비용만을 고려하는 것이 합리적인 의사결정이라고 설명하고 있다.

18 ③
낭만주의자들은 개인의 독특한 상상력과 감정을 자유롭게 표현하려 했으므로, 빈칸에는 이를 억압하는 고전주의적 보편성을 비판하는 내용이 들어가는 것이 자연스럽다.

19 ①
제시된 블록의 개수는 19개이고, 빈 공간을 채울 경우 정육면체의 블록의 개수는 3 × 3 × 3 = 27개이므로 27 − 19 = 8개의 블록이 필요하다.

20 ③
1단 : 13개, 2단 : 11개, 3단 : 4개, 4단 : 2개
총 30개

21 ③

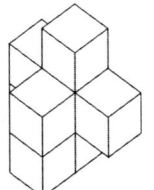

22 ③
제시된 전개도를 접으면 ③이 나타난다.

23 ②
제시된 도형을 전개하면 ②가 나타난다.

24 ④

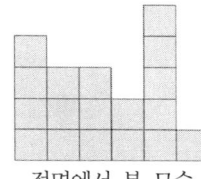

정면에서 본 모습   정면 위에서 본 모습

25 ①

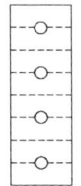

26 ④
① 평면, 정면, 측면 모두 제시된 모양과 다르다.
② 평면, 정면의 모양이 제시된 모양과 다르다.
③ 평면, 측면의 모양이 제시된 모양과 다르다.

정답 및 해설

27 ③

시계 반대 방향으로 90° 회전한 후 왼쪽으로 뒤집고 시계 방향으로 다시 180° 회전시키면 ③이 나온다.

28 ④

농부와 의사의 집은 서로 이웃해 있지 않으므로, 가운데 집에는 광부가 산다. 가운데 집에 사는 사람은 광수이고, 개를 키우지 않는다. 파란색 지붕 집에 사는 사람이 고양이를 키우므로, 광수는 원숭이를 키운다. 노란 지붕 집은 의사의 집과 이웃해 있으므로, 가운데 집의 지붕은 노란색이다. 따라서 수덕은 파란색 지붕 집에 살고 고양이를 키운다. 원태는 빨간색 지붕 집에 살고 개를 키운다.

29 ②

조건대로 하나씩 채워나가면 다음과 같다.

	A	B	C	D	E
해외펀드	×	×	○	×	×
해외부동산	×	○	×	×	×
펀드	×	×	×	×	○
채권	○	×	×	×	×
부동산	×	×	×	○	×

A와 E가 추천한 항목은 채권, 펀드이다.

30 ③

5층	E(또는 A)
4층	C
3층	B
2층	D
1층	A(또는 E)

31 ④

2020	B
2021	C
2022	A
2023	D(또는 F)
2024	E
2025	F(또는 D)

32 ④

㉠ 영업 매출 순위 경우의 수
- B > A > C > D
- B > A > D > C
- B > D > A > C

㉡ 영업 이익 순위 : B가 4위

C의 영업 이익 순위와 영업 매출 순위가 같은데, B의 영업 이익이 4위이므로, C는 3위가 된다. 따라서 영업 매출 순위는 B > A > C > D만이 성립한다.

33 ①

은규는 "180점이네"라는 말이 틀린 문장이고, 진석이는 "종혁이는 240점이구나"라는 말이 틀린 문장이다. 그리고 종혁이는 "진석이는 은규보다 60점이 더 나왔고."라는 말이 틀린 문장이다. 따라서 각 아이들의 점수를 확인해보면 은규는 200점, 진석이는 240점, 종혁이는 180점이다.

정답 및 해설

34 ②
간식은 '갑, 을, 병, 정' 순으로 받게 된다.

35 ③
제시문은 연역 논증으로, 대전제 → 소전제 → 대전제에 포함된 결론을 이끌어내는 형식을 갖는다. 따라서 ③이 소전제에 적합하다.

36 ②
조건에 따르면 C - E - A - B - D의 순서가 된다. 따라서 두 번째에 있는 사람은 B이다.

37 ②
비탈리넵스키아르티옴 비달리냅슈키야르티온

38 ④

39 ③
초=f, 코=c, 우=b, 유=e, 유=e, 기=a, 농=j

40 ②
딸=g, 기=a, 파=h, 이=d, 농=j, 우=b, 초=f, 제=i

41 ④
고체의 표면적과 반응속도 … 고체의 표면적이 증가할수록 반응물질 간의 접촉 면적이 커져서 충돌횟수가 많아지므로 반응이 빨라진다.

42 ③
효소는 단백질로 구성되어 있어 40°C에 이를 때까지 온도가 증가함에 따라 반응 속도가 빨라지지만, 그 이상의 온도에서는 단백질의 입체 구조가 변하기 때문에 반응이 일어나지 않는다.

43 ③
① 속력과 방향이 모두 변하는 운동
② 방향이 변하는 운동
④ 속력이 변하는 운동

44 ①

② **액포** : 주머니 모양의 세포기관으로 성숙한 식물세포에서 잘 발달하여 세포 안에서 수용액을 가득 채우고 있다.

③ **세포벽** : 세포를 외부로부터 보호하고 세포의 모양을 유지하도록 하는 벽.

④ **엽록체** : 녹색식물 잎의 세포에 들어있는 세포소기관으로, 광합성이 이루어지는 장소이다.

45 ①

책상을 끌어 옮긴 것은 힘을 주었고, 이동이 있는 '일을 하였다'에 해당한다.

서 원 각
www.goseowon.com